EU, MÃE E PAI

Apoio:

FERRING
PHARMACEUTICALS

MARIANA KUPFER

EU, MÃE E PAI

a maternidade independente como escolha

© 2019 Editora Manole Ltda., por meio de contrato de coedição com os Laboratórios Ferring.
Minha Editora é um selo editorial Manole Conteúdo.

Editora gestora: Sônia Midori Fujiyoshi
Editora: Cristiana Gonzaga S. Corrêa
Coordenação e produção editorial: Visão Editorial
Projeto gráfico e diagramação: Visão Editorial
Capa: Sopros Design
Foto da capa: Jairo Goldfus
Texto estabelecido por: Fernanda P. Quinta
Fotos do miolo: cedidas pela autora ou autorizadas pelos respectivos fotógrafos

CIP-BRASIL. CATALOGAÇÃO NA PUBLICAÇÃO
SINDICATO NACIONAL DOS EDITORES DE LIVROS, RJ

K98e
    Kupfer, Mariana
       Eu, mãe e pai : a maternidade independente como escolha / Mariana Kupfer. - 1.
ed. - Barueri [SP] : Manole, 2019.
      152 p. ; 21 cm.

    ISBN 978-85-7868-371-9

    1. Planejamento familiar. 2. Maternidade. 3. Mãe e filha. 4. Tecnologia da
reprodução humana. I. Título.

19-56322   CDD: 306.87432
                             CDU: 316.812.4

Vanessa Mafra Xavier Salgado - Bibliotecária - CRB-7/6644

Todos os direitos reservados.
Nenhuma parte deste livro poderá ser reproduzida, por
qualquer processo, sem a permissão expressa dos editores.
É proibida a reprodução por xerox.
A Editora Manole é filiada à ABDR – Associação Brasileira de Direitos Reprográficos.

1ª edição – 2019

Editora Manole Ltda.
Avenida Ceci, 672 – Tamboré
06460-120 – Barueri – SP – Brasil
Tel.: (11) 4196-6000
www.manole.com.br | http://atendimento.manole.com.br
Impresso no Brasil | *Printed in Brazil*

São de responsabilidade da autora e dos colaboradores as informações contidas nesta obra.
Esta é uma história original, em que todos os personagens e cenários pertencem à autora, assim como o enre-
do. É proibida a utilização deles sem o consentimento da autora.
Durante o processo de edição desta obra, foram tomados todos os cuidados para assegurar a publicação de
informações precisas e de práticas geralmente aceitas. Do mesmo modo, foram empregados todos os esforços
para garantir a autorização das imagens e fotos aqui reproduzidas. Caso algum autor ou detentor dos direitos
autorais sinta-se prejudicado, favor entrar em contato com a Editora.
O autor e a Editora eximem-se da responsabilidade por quaisquer erros ou omissões ou por quaisquer conse-
quências decorrentes da aplicação das informações presentes nesta obra. É responsabilidade do profissional,
com base em sua experiência e conhecimento, determinar a aplicabilidade das informações em cada situação.

Achei a minha missão de vida:
falar sobre a maternidade,
em todas as suas nuances.

Para o meu querido e saudoso pai, Luiz,
um sábio mestre e meu eterno protetor,
e para a minha querida filha Victoria, as
maiores inspirações da minha vida.

Os especialistas que colaboraram neste livro

Paulo Cesar Serafini

Ginecologista, Obstetra, Especialista e Pós-doutor em Endocrinologia Reprodutiva. Professor Livre-docente do Departamento de Obstetrícia e Ginecologia da Faculdade de Medicina da Universidade de São Paulo (FMUSP). Corresponsável pelo Centro de Reprodução Humana do Hospital Mário Covas. Diretor do Grupo Huntington desde 1995.

Luciana Pardini Chamié

Radiologista, Especialista em Tomografia Computadorizada do Abdome e em Ressonância Magnética do Abdome e Pelve Feminina pelo Instituto de Radiologia do Hospital das Clínicas da Faculdade de Medicina da Universidade de São Paulo (InRad-HCFMUSP). Doutora em Radiologia pelo InRad-HCFMUSP. Médica Radiologista do Grupo de Abdome e Pelve do Fleury Medicina e Saúde desde 2002. Médica Diretora da Chamié Imagem da Mulher.

Paula Fettback

Ph.D. Ginecologista, Obstetra e Especialista em Reprodução Assistida. Atua na Clínica Mãe.

José Roberto Alegretti

Biólogo, Embriologista e Diretor dos laboratórios do Grupo Huntington.

Marcelo Zugaib

Ginecologista, Obstetra e Professor Titular de Obstetrícia da Faculdade de Medicina da Universidade de São Paulo (FMUSP). Médico do Corpo Clínico do Hospital Israelita Albert Einstein.

Claudio A. Len

Pediatra, Reumatologista Infantil e Professor de Pediatria e Reumatologia Infantil da Escola Paulista de Medicina da Universidade Federal de São Paulo (EPM-Unifesp). Médico do Corpo Clínico do Hospital Israelita Albert Einstein.

Prefácio

Grande parte das mulheres nasce com a missão divina de reproduzir, dar continuidade à sua história, deixar seu legado e perpetuar uma linha contínua de seus ancestrais.

Com uma certa idade e maturidade, há um chamado do universo requisitando seu corpo físico e espiritual para essa finalidade.

Em algumas histórias de vida, isso acontece com naturalidade e com um romantismo que é comumente narrado em romances; em outras, é concretizado graças a mulheres fortes e determinadas que não desistem desse chamado por falta de uma oportunidade padrão.

Na mente dessas mulheres, não há obstáculos. Há um caminho alternativo para cumprir sua missão de ser mãe.

Por esse e outros motivos, o tema produção independente nunca foi tão abordado e debatido.

A ciência, com consentimento do plano divino, proporciona que histórias lindas sejam bem-sucedidas.

Neste livro, Mariana compartilha conosco sua magnífica jornada a caminho da maternidade independente. Uma jornada de aprendizado, espiritualidade, compaixão e autoconhecimento.

Além de uma lição de determinação, coragem e força, é um guia para mulheres que optam por essa alternativa.

Natalie Klein
Amiga desde sempre da Mariana e
mãe da Ava e do Ezra

Sumário

Apresentação 15

1 *Single mother by choice*, o projeto 17

2 "Tem que entrar na sua alma" 25

3 His-te-ros-sal-pin-go-gra-fia e o início do tratamento 37

4 A grávida é, antes de tudo, um forte 49

5 Dos sustos, descobertas e a satisfação profissional 59

6 Minha filha, minha parceira 69

7 Família, um universo de possibilidades 83

8 Liora, minha luz 111

9 Só tenho a agradecer 113

10 Mariana Kupfer sob outros olhares 115

Glossário 131

Álbum de fotos 137

Apresentação

Esta história tem começo, meio, mas não um final, pois ainda está sendo escrita. A vinda da Victoria transformou a Mariana em uma nova mulher. Uma mudança que está longe de terminar, porque o estado de mãe traz consigo sentimentos que se eternizam. E era justamente esse desejo, o da maternidade, o de doar-se, o de amar outro ser, que despertou na Mariana a coragem de seguir um caminho extraordinário, pouco comum nos idos da década de 2000. A escolha pela produção independente significou um amadurecimento tamanho que a permitiu descobrir outras tonalidades no espectro do amor, que, de outra forma, seriam inimagináveis. Apoiei-a desde o primeiro minuto em sua decisão de ser mãe, sem a presença de um parceiro. Incondicionalmente. Um desejo tão profundo e genuíno deve ser tanto respeitado quanto admirado. Foi o que eu fiz ao lado da minha irmã, que se mostrou uma guerreira desde o início, superando dia após dia as dificuldades que vieram durante a gestação. Embora turbulentos, aqueles meses a fortaleceram sobremaneira. Nos primeiros anos de vida da minha sobrinha, também vieram desafios tremendos, vivenciados com muita bravura. Mais uma prova do quão determinada se tornaria a minha irmã caçula, que desde pequena já brincava com as bonecas imaginando o dia em que chegaria a vez dela, de criar a própria família, a sua maneira. À maneira que tocasse o seu coração. Como mãe de dois adultos jovens, que cresceram ao lado de uma tia espetacular, tenho a certeza de que ela fez a escolha mais assertiva. Esta história é nossa, mas sobretudo da Victoria e da Mariana, que – sempre soube! – se tornaria uma mãe maravilhosa. Sinto muito orgulho de fazer parte disso e só tenho a agradecer. Viva a Vicky! Viva a Mariana!

Karen Kupfer

Single mother by choice, o projeto

Já se imaginou aos 34 anos em um consultório de reprodução assistida falando com um médico sobre importação de sêmen? Ou olhando para uma tela com a finalidade de escolher um doador de um rol enorme de opções? Essas cenas estão cada vez mais comuns em nosso meio – apesar de serem rotina há bastante tempo nos Estados Unidos e em países da Europa. Só para ilustrar o que se passa por lá, uma reportagem do periódico *The Guardian* informou que 1 em cada 10 bebês concebidos com esperma de doador na Dinamarca nasce de uma mulher sem parceiro que desejou se tornar mãe-solo – os números deslancharam depois que o tratamento de fertilidade se tornou gratuito em 2007.[1] Como mostra o documentário *The Swedish*

---

[1] Reportagem de Helen Russell, intitulada "'There's no stigma': why so many Danish women are opting to become single mothers", publicada no *The Guardian*, em 14 de setembro de 2015.

Theory of Love (2015), dirigido por Erik Gandini, um dos maiores bancos de esperma do mundo nasceu em 1987 na Dinamarca, em Aarhus, segunda maior cidade do país. A Cryos International conta com 10 mil doadores e distribui o material para mais de cem países. [É tranquilizador saber que estou longe de estar sozinha nisso.] O fundador e pesquisador Ole Schou conta uma história curiosa de como começou seu negócio. Um dia sonhou com sêmen congelado e, desde então, debruçou-se a fazer pesquisas com o próprio esperma. Schou descreve o seu carro-chefe como sendo as mulheres solteiras, independentes financeiramente, com nível educacional elevado – metade com mestrado ou graus superiores – e, o mais importante, muito desejosas de procriar. Elas já representam 50% de seus clientes, e a previsão é que essa cifra salte para 70% em 2020. É claro que a Cryos não está sozinha nesse mercado. Já existem muito bancos privados de sêmen e de óvulos em países onde a legislação permite a comercialização de gametas – o Brasil não é um deles. [Os gametas são as células reprodutivas maduras do homem e da mulher, chamados de espermatozoides e óvulos.] Por aqui, o esquema é importar ou recorrer a um leque bem pequeno de opções, já que as doações são gratuitas. A minha experiência com um banco de sêmen foi incrível – contarei mais adiante! –, mas antecipo que não foi com a Cryos. Meu projeto como mãe-solo surgiu como uma ideia, que amadureceu rapidamente e vingou com toda a força. Eu sabia que, para fazer isso sozinha, não tinha mágica. Eu teria que recorrer aos avanços da medicina reprodutiva.

***

Sempre sonhei com a maternidade. Sempre foi um desejo muito legítimo da minha vida. E acredito que seja o de muitas mulheres (e homens, sejamos honestos!) que buscam constituir uma família. Sabe aquela menina que nas brincadeiras de boneca ocupava sempre o papel de mamãe? Era eu. Uma veia judaica, com certeza. Imaginava construir a minha família de uma maneira bem tradicional, seguindo as expectativas de familiares, da colônia judaica e de uma sociedade permeada – às vezes, escancaradamente; às vezes, de soslaio – por um moralismo torpe. Como é bastante comum em nossa cultura (inclusive entre as novas gerações), eu também visualizava a chegada de uma pessoa – não digo perfeita, porque isso não existe – que me fizesse ter aquele *feeling* de que era ela (*you are the one*!). Que fosse não só um companheiro, um amigo e um amante, mas também um pai para meus filhos (e que desejasse isso tanto quanto eu).

Os anos foram passando e o amor pela maternidade cresceu dentro de mim de um modo muito intenso. Eu tinha que agir, porque era mais forte do que qualquer outro anseio que eu carregasse. Se eu tivesse feito perguntas do tipo "Ah, o que o outro vai falar, o que ele vai achar...?", meu sonho não teria se concretizado. O desejo de procriar tem que ser maior do que a preocupação com o que os outros vão pensar. E tem que ser maior do que o sonho da vinda de um "príncipe encantado". Filho é para sempre. Ouvi frases do tipo: "Você é tão bonita, tão jovem, por que não espera aparecer alguém?". Esses comentários nunca fizeram sentido para mim. Afinal, ser mãe não é um estado civil. E, cá entre nós, não é pequeno o número de mulheres que criam os filhos sem a presença paterna. De acordo com o censo americano de 2008, 30% das famílias com crianças tinham apenas um dos pais em casa (ou o pai, ou a mãe) por diversos motivos, principalmente divórcio e separação, sendo a maioria mulheres.

No início da década de 1980, esse valor beirava os 20% apenas, número do qual o Brasil está muito perto. De acordo com o último Censo Demográfico (2010), a mulher brasileira também domina a estatística de famílias monoparentais (16,2%), enquanto os homens sem cônjuge e com filhos correspondem a apenas 2,4%. Meu professor de cabala sempre fala: "Você sabe se vai chegar em casa hoje?". Ninguém sabe. E chovem histórias de famílias ou que perderam o pai em alguma tragédia, ou que foram abandonadas por ele, muitas com crianças pequenas dentro de casa. A vida parece uma novela, pois é uma obra aberta. Não há garantia de nada. O pai sai para trabalhar de manhã e morre porque caiu o avião, morre de bala perdida, de acidente de carro, de infarto, na guerra... Aquela mãe terá que criar o filho sozinha. Esse cenário não é novo historicamente, certo?

Por outro lado, também crescem modelos familiares que, historicamente, são, sim, novos. E cada vez se tornam mais comuns. Famílias homoafetivas estão se multiplicando nos Estados Unidos, segundo o U.S. Census Bureau. De 2005 a 2017, o número de casais do mesmo sexo que vivem juntos aumentou 20%, sendo esse crescimento ainda maior entre casais de mulheres (33%). No Brasil, não coletamos esse tipo de informação, mas tendo a achar que estamos perto disso, já que o Supremo Tribunal Federal, em 5 de maio de 2011, reconheceu e qualificou como entidade familiar a união estável homoafetiva. O fato é que, por aqui, recrudesce a procura desses casais pelas técnicas de reprodução assistida, sobretudo entre as mulheres, que já chegam a representar 2 a 3% dos tratamentos em clínicas especializadas – nesses casos, geralmente uma delas oferece o óvulo enquanto a companheira, o útero.

Alternativas pouco familiares aos brasileiros, como a barriga de aluguel, mais conhecida no Brasil como gestação de substituição, e a ovodoação, têm ganhado a atenção de casais masculinos, que recorrem a ambos os recursos oferecidos pela medicina reprodutiva para gerar filhos, utilizando-se do esperma de um dos homens. Uma breve explicação: enquanto a ovodoação é um processo de coleta de óvulos de uma doadora para serem utilizados por uma mulher que, por algum motivo, deles necessite, a gestação de substituição funciona quando uma mulher cede o próprio útero (e o corpo) com a finalidade de gestar para alguém ou algum casal. Nem a doação de óvulos, nem a cessão temporária do útero podem ter caráter lucrativo ou comercial no Brasil.

Outra procura que vem emergindo com respaldo técnico-científico é a das mulheres beirando os 50 anos – sejam como mães-solo, sejam acompanhadas – que apresentam boa saúde e não oferecem risco grave nem para ela, nem para o bebê. De acordo com o Ministério da Saúde, o total de mulheres que engravidaram com mais de 50 anos cresceu 37% entre 2007 e 2016 (de 261 para 358 casos ao ano).[2] Em geral, nessa idade, beira o essencial lançar mão da ovodoação para assegurar a qualidade do óvulo, que é o maior obstáculo nesse tipo de gestação. O útero, por sua vez, não se aposenta na mesma velocidade. Por outro lado, tema cada vez mais abordado pelos ginecologistas nas consultas de rotina de mulheres em torno dos 30 anos, o congelamento de óvulos vem aumentando as chances de sucesso de uma gravidez tardia com os próprios gametas. Esse incentivo para as mulheres estenderem a janela de oportunidade para virarem mães num futuro incerto se reflete nos números

---

2 Dados extraídos de matéria publicada no jornal *O Estado de S. Paulo*, de 19 de agosto de 2018, intitulada "Uma mulher com mais de 50 dá à luz por dia; avanço é de 37% em 10 anos".

das clínicas de reprodução assistida: o aumento da procura tem saltado aos olhos de um ano para outro.

A técnica do congelamento também está em alta entre mulheres e homens em idade reprodutiva (ainda sem filhos) que são diagnosticados com câncer, em especial aqueles tipos mais comuns em adultos jovens, que têm entre 20 e 39 anos. Os linfomas, os cânceres de mama e de testículo e o melanoma são os principais. Os procedimentos de químio e/ou radioterapia afetam a produção de óvulos e espermatozoides no indivíduo, podendo deixá-lo incapacitado para gerar gametas após o término do tratamento. Por isso, o congelamento deve ocorrer o quanto antes a fim de preservar a fertilidade.

***

Estamos muito bem assessorados pela medicina reprodutiva. Vivemos rodeados de avanços científico-tecnológicos, que estão cada vez mais disponíveis – sobretudo nas grandes capitais do país –, trazendo mais chances de eficácia, maior segurança e tranquilidade para os envolvidos. A medicina está aí para nos ajudar a construir os nossos sonhos; a amar, simplesmente. Nunca havia imaginado recorrer a uma clínica para engravidar, tampouco utilizar o sêmen de um doador. Quando entrei na Clínica Huntington, em São Paulo, pela primeira vez, eu buscava uma realização pessoal que me enchesse de amor. Era isso. E é isso o que une todos aqueles que procuram os tratamentos de fertilização assistida. Se houver amor naquele seio familiar prestes a desabrochar, não importa o modelo ou a configuração (monoparental ou homoafetiva), porque é só disso que nossos filhos precisam. Desatar-se do medo, dos julgamentos e preconceitos em prol de um sonho genuíno e legítimo – como o meu era – é para quem ama muito e tem coragem de mudar o mundo. É desse anseio que surgiu este livro, um livro sobre coragem, força e muito, muito amor... Sou mãe-solo por escolha.

"Tem que entrar na sua alma"

Olhos azuis, cabelos castanhos, pele clara, 83 quilos. Sangue AB, 1,82 m de altura, ascendência inglesa e alemã, judeu. Formado em matemática, com interesse por arquitetura, psicologia, tecnologia, línguas, artes e viagem. Inteligentíssimo. Leonino. Bem mais novo do que eu. Preparava-se para a segunda faculdade. O perfil do meu doador era esse. E muito além das características físicas e das suas aptidões, tive acesso a uma foto dele quando pequeno e pude ouvir um áudio que me trouxe sua simpática voz. Mas... O que me levou a escolhê-lo? Bem, além do pré-requisito "boa saúde" – e com isso, eu não precisava me preocupar, porque os doadores do banco de sêmen da FairFax Cryobank são rigorosamente selecionados –, eu queria alguém muito diferente de mim fisicamente. Segundo Ole Schou, o fundador da Cryos International, um dos maiores bancos de sêmen do mundo, a mulher que busca a produção independente, de modo geral, procura um doador semelhante a ela, pelo menos quanto à etnia. De fato, segui a regra nos quesitos ascendência e religião. Também me chamaram bastante a atenção as impressões dos profissionais que o entrevistaram: o meu doador mostrou-se uma pessoa extremamente gentil, que sempre se apresentava com bom humor, cheiroso e charmoso, e com um senso de preocupação pela família. No perfil do doador, constava que ele falava do irmão, do pai, da mãe, sempre disposto a ajudar todo mundo. Lembro de compartilhar esse momento da escolha com minha amiga de infância, a Guilhermina Guinle. Uma piadista. Chegou a dizer:

— Você não vai escolher um americano loirinho, bonitinho, de olhos azuis, né? Pega um japonês, um asiático, um europeu, um francês, bem diferente. Você, com esse olhão, pegar um asiático com olhinho puxado...

— Guilhermina, para de fazer piada... Vambora, me ajuda aqui. – O meu senso prático sempre falava mais alto.

***

Usar um banco de sêmen americano para adquirir o esperma de um doador foi indicação do meu médico, o dr. Paulo Serafini. Nos Estados Unidos, a doação, apesar do nome, é remunerada, e todas as etapas implicadas, desde a coleta e seleção dos candidatos até o contato com o cliente e a entrega do sêmen (no meu caso, exportação), são realizadas com transparência e profissionalismo. Toda a parte legal é acordada por todas as partes para proteger os envolvidos, com a assinatura de documentos que esclarecem ao doador e ao cliente o funcionamento desse processo, bem como as obrigações de cada um. Por exemplo, o banco americano disponibiliza a opção de a criança conhecer o doador ao completar 18 anos. O doador, por sua vez, no momento em que cede o esperma para o banco, pode optar pelo anonimato. Por outro lado, no Brasil, a doação de gametas não pode ter caráter lucrativo ou comercial, de acordo com a Resolução n. 2.168/2017 do Conselho Federal de Medicina (CFM). Tampouco os doadores podem conhecer a identidade dos receptores e vice-versa. Cada país regulamenta a reprodução humana assistida segundo concepções jurídicas, éticas e morais próprias.

De acordo com o professor de Direito Civil da Escola da Magistratura do Estado do Rio de Janeiro (Emerj) Aurelio Bouret, o Direito brasileiro não permite a exploração econômica do corpo e de suas partes destacáveis, como órgãos, sangue, sêmen, útero e óvulos. Qualquer tipo de comercialização (venda ou locação) estaria ferindo a dignidade humana, o chamado direito da personalidade, o qual protege o ser humano, física, psíquica e moralmente, de qualquer apreciação econômica. Aqui no país, o Código Civil prevê a reprodução humana assistida, mas não há lei específica que trate da regulamentação do tema, a qual é realizada pelo CFM por meio de resoluções, já que envolve essencialmente questões bioéticas e técnicas. Essas normas são atualizadas de tempos em tempos, considerando, entre outros pontos, a eficácia e a segurança dos procedimentos médicos utilizados.

Atualmente, a FairFax Cryobank, bem como outros bancos americanos, tem escritório no Brasil, o que tem facilitado e agilizado os trâmites relacionados à compra e à entrega das amostras de sêmen no país. Hoje, esse processo leva em torno de um mês, incluindo as etapas que envolvem a análise da documentação exigida e a emissão de anuência pela Agência Nacional de Vigilância Sanitária (Anvisa), que estabelece um prazo de cinco dias para aprovação. A Anvisa é o órgão responsável por garantir, sob o ponto de vista da qualidade e segurança, a idoneidade do material que será entregue ao solicitante. É importante saber que, na prática, quem faz a solicitação à Anvisa são as clínicas de reprodução assistida, tecnicamente chamadas de bancos de células e tecidos germinativos, ou seu representante, na figura do importador. Os trâmites de importação de sêmen de bancos que não possuem escritórios por aqui, como o da Dinamarca, ainda são muito complicados, inviabilizando a compra. Segundo o dr. José Roberto Alegretti, embriologista que acompanhou a aquisição das minhas amostras, os escritórios dos bancos estrangeiros atualmente fazem essa ponte junto à Anvisa, enviando os documentos fornecidos pela clínica, como detalha o Quadro 1, e acompanhando a importação do material. A paciente fica em contato com o escritório para realizar um cadastro e assinar os termos de uso, que esclarecem as obrigações de ambas as partes, bem como as limitações desse processo. Menciono no Quadro 2 alguns dos itens que constam nessa documentação. A compra de uma amostra de esperma estrangeiro (um tubo de 0,5 mL), que poderá ser usado para um tratamento (uma tentativa), não sai por menos de R$ 4.500, incluindo os impostos de importação, estaduais e municipais, e o transporte do material. Amostras nacionais, como se originam de doações voluntárias, custam ao redor de R$ 2.500 a 2.900, valor que cobre o alto custo dos exames realizados pelo doador, dos equipamentos e armazenamento das amostras, entre outros.

De acordo com Renato Husek, diretor da FairFax Cryobank Brasil, o processo de importação melhorou, mas o prazo de liberação na alfândega ainda é longo. "Após a anuência da Anvisa, a amostra chega de avião no dia seguinte à solicitação. O tanque que armazena o material, porém, fica aguardando a liberação por aproximadamente dez dias." É um processo semelhante ao de qualquer outro produto trazido do exterior, com o pagamento dos impostos devidos, como manda a legislação. Em seguida, as amostras são entregues na clínica de reprodução humana adequadamente embaladas e com rastreador de temperatura (congeladas em nitrogênio líquido a $-196°C$). Se, ao longo da viagem, não tiverem sofrido nenhuma variação, elas serão consideradas viáveis e poderão ser utilizadas. É nessa hora que recebemos um telefonema e somos avisadas de que o tratamento pode começar.

QUADRO 1 – QUAIS SÃO OS DOCUMENTOS EXIGIDOS PELA ANVISA?

Para importar sêmen de um banco estrangeiro, é preciso que a clínica de reprodução humana assistida ou seu representante jurídico peça autorização da Agência Nacional de Vigilância Sanitária. Os documentos exigidos pelo órgão são:

- Cópia da licença sanitária da clínica de reprodução humana assistida.
- Cópia da licença sanitária do banco de sêmen estrangeiro.
- Cópia dos documentos de identificação da receptora (RG e CPF).
- Declaração do médico responsável contendo a justificativa do procedimento.
- Termo de consentimento por escrito da receptora para a realização do procedimento de reprodução assistida.
- Resultados dos exames clínicos e laboratoriais do doador e de testes microbiológicos e genéticos realizados nas amostras (a fim de evitar riscos sanitários).

QUADRO 2 – O QUE É ACORDADO ENTRE CLIENTE E BANCO DE SÊMEN?

Para ilustrar, menciono alguns pontos do acordo firmado entre uma cliente e a FairFax Cryobank com fins de esclarecimento:

- Os doadores de esperma precisam atender aos critérios de elegibilidade estabelecidos pela US Food and Drug Administration (FDA), órgão americano que exerce funções semelhantes às da Anvisa.

- Todas as amostras de sêmen fornecidas pelo doador passam por análise e devem atender aos padrões de qualidade para entrar no inventário. Se um frasco (uma amostra) do esperma do doador, após descongelamento na clínica em que a cliente estiver tratando, não atender ao padrão de qualidade, será garantida pelo banco uma substituição gratuita.

- Não é divulgada a identidade da cliente para o doador e vice-versa, exceto se a cliente selecionar um doador com opção de identificação. Nesse caso, o banco realiza a divulgação dessa informação e os respectivos dados para contato somente para a criança, que deve efetuar o pedido por escrito ao completar 18 anos de idade.

- São realizados acordos com os doadores, os quais prometem relatar quaisquer questões médicas ou genéticas recém-descobertas que possam afetar as crianças concebidas por seu esperma. As clientes, por sua vez, comprometem-se a relatar quaisquer questões médicas ou problemas genéticos que afetem a criança. No entanto, em nenhum dos casos, o banco pode obrigar que esses relatos aconteçam. As atualizações médicas referidas são incluídas nos perfis dos doadores na página do banco na internet. A cliente pode verificar, a qualquer momento, o estado de saúde do doador.

- Os doadores são liberados de qualquer obrigação com as crianças nascidas do esperma doado.

(CONTINUAÇÃO)

- Toda gravidez tem um pequeno risco de gerar uma criança com malformação ou deficiência mental (cerca de 3% a 4%). Portanto, o banco não pode prometer que o feto ou bebê não apresentará qualquer condição dessa natureza.
- Não são realizados testes para todas as doenças genéticas ou infecciosas, uma vez que não existem testes viáveis para todas elas.
- Caso o procedimento de fertilidade não tenha sido exitoso, a cliente não tem direito a reembolso.
- A cliente não pode procurar a identidade do doador.
- O frasco com a amostra é para uso exclusivo da progenitora final identificada (ou de sua barriga de aluguel).
- A cliente deve relatar a gravidez para o banco dentro de noventa dias da ocorrência, bem como qualquer problema inesperado de saúde ou genético que afete a criança.
- A cliente é considerada a mãe legal da(s) criança(s) parida(s) por ela e é responsável por sua custódia e suporte.

Entre os anos 2011 e 2016, os pedidos de importação de amostras de sêmen à Anvisa aumentaram 2.625%. O mais interessante: o maior crescimento dos pedidos no período 2015-2016 ocorreu entre os casais homoafetivos femininos, as mulheres solteiras e os casais heterossexuais, com valores de 279%, 114% e 85%, respectivamente. Naquele período, todas as amostras de sêmen procederam de três bancos privados americanos, que possuem licença e registro para atuarem no Brasil: além do FairFax Cryobank, o Seattle Sperm Bank e o California Cryobank.

Dados ainda mais recentes mostram que enquanto em 2016 foram realizadas 436 autorizações de importação de amostras de sêmen, em 2017 o número chegou a 860, sendo a maioria solicitada por casais heterossexuais (42%) e mulheres solteiras (38%), um aumento de 97%. Naquele ano, o FairFax Cryobank liderou as importações, com 70% das amostras.[1] O dr. José Roberto Alegretti comentou que esse aumento gritante apontado pela Anvisa se deve à maior facilidade de importar propiciada pela abertura de escritórios dos bancos estrangeiros no país e à exigência dos pacientes em obter o maior número possível de informações. E os bancos internacionais diferem dos brasileiros ao disponibilizar uma série de detalhes sobre os potenciais doadores, oferecendo cerca de trinta informações variadas – muito além da cor dos olhos, dos cabelos, da altura, do peso, do tipo sanguíneo e do fator Rh, da religião, da etnia e da profissão. Além dos rotineiros exames para detecção de doenças infectocontagiosas e genéticas, dados sobre a família do doador e relatos de enfermidades pregressas também estão disponíveis, como mostra o Quadro 3. Quanto mais informações o cliente obtiver, mais tranquila e segura será a sua escolha.

Sem contar que o portfólio dos bancos estrangeiros, justamente por envolver remuneração, é imenso quando comparado ao dos bancos de sêmen no Brasil, um fator que favorece a busca pelas características desejadas. O dr. José Roberto ressalta, porém, que as amostras nacionais são extremamente confiáveis.

---

1 Dados obtidos do 1º Relatório de Importação de Amostras Seminais para uso em Reprodução Humana Assistida e do 2º Relatório de Dados de Importação de Células e Tecidos Germinativos para Uso em Reprodução Humana Assistida, ambos produzidos pela Agência Nacional de Vigilância Sanitária (Anvisa).

QUADRO 3 - O QUE VOCÊ PODE SABER DO DOADOR DE SÊMEN?

Os bancos de sêmen privados dispõem de uma gama cada vez maior de características e outras informações dos doadores. O acesso a algumas delas exige o pagamento de taxas extras. Abaixo, dou uma pincelada nas possibilidades:

- Foto(s) de infância do doador, que pode(m) datar dos 6 meses aos 6 anos; alguns doadores dispõem de fotos na idade adulta, mas ainda é um grupo bem seleto; outros mostram a silhueta apenas, para se manter no anonimato.

- Audioentrevistas, que duram de 7 a 25 minutos, permitem ouvir a voz do doador, que fala sobre a infância, aspirações, valores, interesses pessoais, realizações, vida familiar, etc.

- Resumo do perfil do doador, com histórico genético e médico do doador e de sua família.

- Perfil do histórico médico do doador e familiar (irmãos, pais, tias, avós), incluindo testes de doenças genéticas.

- Informações pessoais, como gostos e interesses, habilidades com idiomas, esportes que pratica, objetivos, pontuação acadêmica, atividades profissionais e acadêmicas realizadas, histórico militar, características faciais específicas, entre outras.

- Teste de personalidade Keirsey, que indica o temperamento do doador e classifica-o de acordo com dezesseis tipos de personalidades possíveis.

- Entrevista com o doador, em forma de perguntas e respostas. Pergunta-se, por exemplo, que características ele admira em uma pessoa, qual é a lembrança mais forte que tem da infância, qual é a coisa mais engraçada que já aconteceu com ele, etc.

- Impressões da equipe sobre o doador. Os membros da equipe que convivem com os doadores escrevem relatórios com suas opiniões.

A segurança é a mesma! Ele cita o banco brasileiro Pro-Seed, que surgiu no Hospital Israelita Albert Einstein em 1988, pioneiro no país. Atualmente com sede própria, além de oferecer esperma de doadores brasileiros, mantém uma parceria exclusiva com o Seattle Sperm Bank desde 2012. Segundo a dra. Vera Brand, fundadora do Pro-Seed, existe um trabalho diário de divulgação, principalmente via mídias sociais, para ampliar o número de voluntários. De cada dez doadores, apenas dois cumprem os critérios de seleção para integrar o portfólio do banco. Não à toa, a motivação que deu origem ao banco continua sendo seu principal foco: homens jovens com câncer, que recorrem ao congelamento de gametas para preservar a fertilidade, que fica sob risco pelos tratamentos químio e radioterápicos.

Fica bem claro por que tem tanta gente recorrendo a esse serviço lá fora. E tem mais: segundo o dr. José Roberto, essa tendência não é observada só no Brasil. Argentinos, chilenos e colombianos estão cada vez mais importando amostras seminais de outros países, principalmente dos Estados Unidos (Quadro 4).

Outro aspecto que poderia explicar esse aumento significativo na procura por doações (e não só de bancos do exterior) tem um caráter histórico-social. Inicialmente, os bancos surgiram com o propósito de auxiliar os casais que apresentavam problemas de infertilidade. No entanto, a quebra de padrões familiares rígidos e a aceitação social disso, principalmente nos últimos anos – bem como a aprovação social do uso das tecnologias em benefício da reprodução humana –, somadas à opção, cada vez mais comum, da mulher de postergar a maternidade para priorizar seu progresso na carreira e sua independência financeira proporcionaram um cenário favorável à procura (muitas vezes tardia) pela produção independente e pela realização de casais homoafetivos desejosos de ter filhos.

> QUADRO 4 – REPRODUÇÃO HUMANA ASSISTIDA EM NÚMEROS
>
> Enquanto a região Sudeste, principal destino das importações (57%), abriga cerca de 91 serviços especializados em reprodução assistida, o número nacional gira em torno de 150 a 200. Os dados exatos ainda são uma incógnita, já que nem todos os consultórios que realizam os procedimentos de inseminação e fertilização *in vitro* informam a Anvisa. Segundo o embriologista dr. José Roberto Alegretti, o Brasil responde por quase 50% dos procedimentos de fertilização *in vitro* da América Latina.

***

Foram três meses ouvindo vozes, olhando fotos e lendo os perfis dos potenciais doadores. Antes, na primeira consulta com o dr. Paulo Serafini, quando cheguei decidida pela produção independente, ele me disse assim, de pronto: "Sugiro que você busque neste banco [site da FairFax], é um dos que têm mais opções de doadores". Antes de sair de lá, ele falou: "Mariana, isso é uma coisa que só você pode saber, tem que entrar na sua alma". Uma lição de casa que segui à risca. Um dia deu aquele *match* e eu disse para mim mesma: "É este".

His-te-ros-sal-pin-go-gra-fia e o início do tratamento

Parece ficção científica mesmo. Um monte de exames e procedimentos envolvendo tecnologias de ponta fazem parte do tratamento de quem opta pela via da reprodução assistida. A primeira consulta com um médico especialista serve de porta de entrada para esse universo auspicioso pós-moderno. É o momento em que médico e paciente estabelecem uma relação de confiança. Esse profissional precisa conhecer o seu cliente para fornecer as orientações mais adequadas e da maneira mais assertiva. A paciente, por sua vez, chega a um ambiente estranho, repleta de desejos e esperança, com as emoções explodindo dentro de si, sem saber, porém, sobre as possibilidades e os obstáculos que o seu próprio corpo oferece. Agendada com cerca de um mês de antecedência, minha primeira consulta foi um marco importante para bater o martelo em minha decisão de ser mãe-solo.

Daquela sala iluminada e levemente austera, decorada com fotos de crianças e livros médicos na estante, saí com uma relação imensa de exames solicitados pelo dr. Paulo Serafini (mais de quarenta!). Apenas para avaliar a minha saúde, já que não havia um "parceiro" para ser examinado. Simples assim. Só que alguns exames não eram nada simples. Havia dois, em especial. A começar pela tal histerossalpingografia, que avalia o funcionamento das tubas uterinas (ou "trompas de Falópio"), fundamental para orientar a conduta do médico quanto à escolha do tratamento. Um pouco dolorido, mas muitíssimo necessário. A dra. Luciana Chamié, esposa do dr. Paulo e com quem realizei os exames de imagem, me explicou que a "histero" permite a visualização das características morfológicas das tubas – ou seja, é possível saber se aquelas estruturas anatômicas estão em ordem. Se não estiverem em ordem – e elas não funcionam muito bem na maioria das mulheres que procuram tratamento em clínicas de reprodução assistida –, provavelmente a técnica escolhida será a fertilização fora do útero, a chamada FIV (fertilização *in vitro*), porque as chances de ocorrer uma fecundação na mulher naturalmente (dentro das tubas) é muito baixa (Quadro 1).

O outro é a ultrassonografia com preparo intestinal, que possibilita uma análise mais detalhada da pelve em comparação à ultrassonografia transvaginal comum. O exame permite avaliar o útero e os ovários, além da presença de aderências (em decorrência da formação de tecidos inflamatórios e cicatriciais), além da ainda pouco conhecida endometriose, uma patologia muito prevalente na população feminina. Para se ter uma ideia, em cada dez mulheres em idade reprodutiva, uma apresenta essa doença. [Nesse caso, o tecido que reveste o útero internamente (o endométrio) aparece em outros locais (externos ao útero), causando inflamações crônicas com consequentes desconfortos, como cólicas e fluxos menstruais intensos e dores durante a relação sexual.] Segundo a dra. Luciana, essa investigação é extremamente importante, porque, dependendo da gravidade, a endometriose pode atrapalhar o sucesso de uma gestação – e por razões bem diversas. Por exemplo, alterando o funcionamento ou a mobilidade das tubas (isto é, as tubas ficam aderidas e não conseguem "pescar" o óvulo); modificando a qualidade dos óvulos; ou, ainda, dificultando a implantação do embrião e a manutenção da gravidez – nesse caso, ocorre a chamada insuficiência lútea, isto é, uma resistência do corpo da mulher à ação da progesterona, o principal hormônio da gravidez. [Daí vem a explicação para abortamentos prévios...] É de longe uma das doenças mais relevantes no cenário reprodutivo. Nesses casos, a inseminação artificial dificilmente será a técnica de escolha (Quadro 1).

Chocou-me saber o quanto os anticoncepcionais atuam como vilões nessa história. Indicados precocemente por *n* motivos – acne, cólicas, ovário policístico, etc. – às adolescentes de 14, 15 anos e continuados por anos a fio, os contraceptivos hormonais atrapalham o diagnóstico precoce da endometriose. Afinal, os sintomas da doença são aliviados com o uso desse medicamento. E daí ninguém suspeita de nada. Até que, um dia, a mulher resolve ser mãe (muito provavelmente, com mais de 30 anos) e suspende o anticoncepcional. Espera alguns meses, mas a gravidez não vem. De repente, ela depara-se com uma constatação nada agradável: a infertilidade por endometriose, que já existia desde a sua juventude e piorou de maneira insidiosa com o passar dos anos. A doença se desenvolve independentemente do uso do contraceptivo. Logo, fica aqui o alerta: diagnosticá-la precocemente faz bem para a fertilidade da mulher.

QUADRO 1 – INSEMINAÇÃO ARTIFICIAL *VERSUS* FERTILIZAÇÃO *IN VITRO*

A escolha da técnica mais adequada de reprodução assistida é individualizada e depende de uma série de fatores. A preservação da anatomia e do funcionamento de ovários, tubas e útero é primordial para a opção mais conservadora, que é a inseminação artificial intrauterina, procedimento mais simples que exige apenas a transferência do sêmen (com o auxílio de um cateter) para o útero da mulher, a qual deve se encontrar em fase de ovulação. [Em seguida à transferência, a mulher não precisa ficar em repouso absoluto para evitar a perda do embrião – isso é um grande mito!] Quem realiza a inseminação artificial pode passar, se for o caso, por um período prévio de indução ovariana (dias antes da ovulação), recebendo injeções de hormônios por cerca de dez dias para aumentar as chances de fecundação.

Na fertilização *in vitro* (FIV), por outro lado, a fecundação do óvulo ocorre em laboratório (fora do corpo da mulher). É o tratamento mais adotado atualmente e consiste nas seguintes etapas: I. a indução ovariana, como mencionado anteriormente, com a estimulação dos folículos e a maturação dos óvulos [a partir da aplicação dos hormônios foliculoestimulante (FSH) e gonadotrofina coriônica humana (hCG)]; II. a coleta dos oócitos que se desenvolveram; III. a fecundação do(s) óvulo(s) pelo(s) espermatozoide(s), que se dá, principalmente, por uma técnica chamada ICSI – *intracitoplasmatic sperm injection* –, quando um único espermatozoide é injetado diretamente no citoplasma do óvulo [a FIV clássica, em que a fertilização ocorre em uma cultura *in vitro* (muitos espermatozoides disputam entre si pela fertilização), oferece uma garantia de sucesso bem menor, então quase não é mais adotada]; IV. e a formação do(s) embrião(ões), que, ao longo das 120 a 144 primeiras horas, é(são) armazenado(s) em estufa sob temperatura similar à das tubas uterinas. Por fim, ocorre a transferência do(s) embrião(ões)

(CONTINUAÇÃO)

sadio(s) para a cavidade uterina da mulher – um procedimento rápido e indolor. [Antes da transferência para o útero, o(s) embrião(ões) pode(m) passar por uma biópsia para avaliação genética (diagnóstico genético pré-implantacional), a fim de se descartar a possibilidade de doenças como as síndromes de Down e do X frágil, fibrose cística, Tay-Sachs, anemia falciforme, hemofilia, distrofia muscular de Duchenne, entre muitas outras. O médico poderá orientar a necessidade desse exame a partir daquele interrogatório minucioso.]

Os custos variam absurdamente de uma técnica para outra. Enquanto um ciclo de FIV (uma tentativa) gira em torno de 17 mil reais, os valores da inseminação caem para cerca de 5 mil reais, sem incluir os gastos com exames e medicações.

Outro estorvo para a fertilidade – e também bastante comum – é a doença inflamatória pélvica (DIP), provocada (pasmem!) pelas infecções transmitidas sexualmente. Muitas bactérias podem ocasioná-las, mas as responsáveis pela clamídia e pela gonorreia são as principais. As infecções por clamídia são as que mais lesam as tubas uterinas, igualmente afetando outros órgãos da pelve. Infecções repetidas ao longo da vida (com ou sem sintomas) resultam nas aderências e obstruções que citei há pouco, distorcendo o sistema reprodutor da mulher. [Nem sempre acontece, mas as infecções podem gerar desconfortos como dores na parte inferior do abdome, corrimento de odor ruim, sangramento irregular, dor durante o coito – não me conformo em como negligenciamos esses sinais!]

É também na primeira consulta que o médico faz a chamada anamnese. O dr. Paulo perguntou de maneira minuciosa sobre meu histórico de saúde (doenças e outras condições de saúde, procedimentos cirúrgicos, etc.) e também sobre o histórico de saúde dos meus pais, avós e outros familiares próximos. Desse interrogatório, o médico consegue suspeitar de problemas que podem interferir ao longo do tratamento. Uma anamnese bem criteriosa somada aos exames laboratoriais (sangue e urina) e de imagem, além da avaliação genética, vão determinar o caminho a ser seguido pela paciente e até mesmo o prognóstico, com a estimativa das chances que ela terá de engravidar (Quadro 2).

No meu caso, minhas tubas estavam íntegras e funcionando bem. Não houve sinais de aderências ou obstruções, nem da temida endometriose. E, aparentemente, havia uma reserva boa de óvulos. Aliás, a avaliação da reserva ovariana é outro exame fundamental, principalmente quando a idade avança rumo aos 40 anos. [A avaliação da reserva ovariana pode ser feita com a medição de alguns hormônios, entre eles o antimülleriano, bem como por meio da contagem dos folículos antrais na ultrassonografia transvaginal.] E isto é algo que quero compartilhar. Nessa faixa etária, a capacidade de os ovários produzirem óvulos diminui. Os médicos dizem que, nesse caso, há baixa contagem de óvulos. E fala-se também em baixa qualidade dos óvulos. Isso quer dizer o seguinte: os poucos óvulos que amadurecerem totalmente durante o tratamento – nas fases de estimulação ovariana e coleta – podem não chegar com qualidade até o final do processo de fertilização (estando inadequados para uso!). Quanto maior a idade da mulher, maior o risco de não desenvolver óvulos ou de desenvolver poucos com qualidade. Daí uma surpresa não muito desejada pode surgir. "Essa mulher talvez tenha que lidar com outro dilema, que é a necessidade de recorrer à doação de óvulos (ovodoação)", explica a dra. Luciana.

QUADRO 2 – EXAMES LABORATORIAIS E AVALIAÇÃO GENÉTICA

A seguir, listo os exames de sangue, de urina e genéticos solicitados na primeira consulta para uma mulher que deseje engravidar com as técnicas da reprodução humana assistida.

- Ácido úrico
- Albumina
- Amilase
- Anticardiolipina IgG
- Anticardiolipina IgM
- Antinucleossomo, anticorpos totais
- Atividade da antitrombina III
- Bilirrubinas
- Cariótipo de leucócitos periféricos com banda G
- Coagulograma completo
- Colesterol total, LDL, HDL, VLDL
- Creatinina
- Estradiol
- Fator antinúcleo, anticorpos totais
- Fator V Leiden – Mutação PCR
- FSH
- Gama GT
- Glicemia de jejum
- Hemograma com plaquetas
- Hepatite B sorologia
- Hepatite C sorologia
- HIV 1 e 2 sorologia
- Homocisteína

- HTLV I/II
- Insulina de jejum
- LH
- Lipase
- Mutação da protrombina
- Pesquisa de anticoagulante lúpico
- Prolactina
- Proteína C funcional
- Sífilis (sorologia)
- T4 livre
- Testosterona total
- TGO
- TGP
- Tipagem sanguínea
- Tireoide, anticorpos totais
- Triglicerídeos
- TSH
- Ureia
- Urina 1 e urocultura + antibiograma
- Vulvoscopia, colposcopia e Papanicolaou (rotina ginecológica)

Ao longo da vida da mulher, desde o nascimento até a menopausa, acontece uma redução gradual da população de folículos ovarianos [o folículo é uma espécie de envoltório que protege o oócito (ou óvulo), o gameta feminino]. Trata-se de um processo natural inevitável. Logo, quando ela chega aos 32, esse declínio acentua-se um pouco mais, mas é a partir dos 37 anos que a queda se torna mais brusca. Daí as chances de engravidar espontaneamente (com o parceiro) ou pela técnica de inseminação artificial caem drasticamente – elas são de 35% aos 35 anos em até doze ciclos (ou tentativas). Apesar dos 40 serem os novos 30, como se diz por aí, com essa idade os nossos ovários já estão quase se aposentando. A fertilização *in vitro* torna-se a técnica de escolha, oferecendo uma chance de gravidez (que seguirá lindamente até o final) de cerca de 8% por ciclo em mulheres de 41 a 42 anos.

Para quem nunca ouviu falar (ou sabe pouco a respeito), aqui está uma dica preciosa: o congelamento de óvulos (ou criopreservação) é uma estratégia de ouro para as mulheres um pouco mais novas (e que planejam engravidar mais adiante, principalmente após os 35 anos). Os procedimentos podem incluir a indução ovariana, cujo intuito é aumentar as chances de obter um número razoável de folículos maduros. Em seguida, aqueles óvulos que amadurecerem são coletados e, depois, vitrificados. [A técnica de vitrificação permite o congelamento rápido, característica importante para evitar a perda do material aspirado, o que proporciona taxas de sucesso no descongelamento de 95%.] Daí o material fica armazenado em nitrogênio líquido à temperatura de $-196°$ C (diz-se que o material está criogenado) em um banco de células e tecidos germinativos, sob os cuidados da clínica de reprodução assistida. Quando o desejo de ser mãe bater à porta, por exemplo, aos 40 anos, essa mulher poderá utilizar os próprios óvulos congelados, com maiores chances de engravidar. Apesar disso, é bom saber que a probabilidade de um único óvulo descongelado resultar em gravidez futura varia de 4,5 a 12%. Nada extraordinário. Por isso, a realização da indução ovariana é quase obrigatória. Quanto maior o número de óvulos coletados, mais embriões poderão ser formados lá na frente. Todo esse procedimento custa em torno de 10 a 11 mil reais (sem incluir os medicamentos e exames necessários), e a manutenção dos óvulos criogenados está em torno de mil reais ao ano. Infelizmente, o Sistema Único de Saúde (SUS) ainda não oferece esse serviço para a população, exceto o Hospital Pérola Byington, em São Paulo, administrado pela Secretaria de Estado da Saúde, mas somente para mulheres com câncer de mama e com até 35 anos de idade.[1]

É bom saber que não existe "data de validade"; tanto óvulos quanto espermatozoides, ou mesmo embriões, congelados têm prazo biológico indeterminado. Os clientes precisam deixar por escrito qual deve ser o destino do material em caso de falecimento, dissolução de união estável, divórcio, etc. De acordo com a Resolução n. 2.168/2017, do Conselho Federal de Medicina, após três anos, os embriões criopreservados podem ser descartados se essa for a vontade dos clientes.

Abracei as técnicas e avanços científicos da reprodução assistida com 34 anos. Mas não sou a regra. A maioria das mulheres que trilham esse caminho tem idade mais avançada – e aqui me refiro à faixa dos 39 anos em diante. O próprio dr. Paulo me contou que, no dia a dia do consultório, esse é o público

---

[1] Quem se interessar deve procurar o Setor de Reprodução Humana do Hospital Pérola Byington. Endereço: Av. Brigadeiro Luís Antônio, 683, 4° andar.

que o procura por atendimento. Aqui coloco alguns dados do Ministério da Saúde que ilustram um pouco mais esse quadro: o número de mulheres no Brasil que deram à luz entre os 35 e os 39 anos aumentou 71% no período de 1998 a 2017; entre aquelas de 40 a 44 anos, o salto foi de 50%. Já na faixa etária de 20 a 29 anos – quando a nossa fertilidade alcança seu ápice! –, houve queda de 15% no número de nascimentos.[2]

A meia-idade chega para muitas mulheres solteiras acompanhada do desejo genuíno da maternidade. E a ausência de um parceiro não é mais um obstáculo para a realização desse sonho. É comum haver uma reflexão do tipo: "Já tenho uma carreira que me satisfaz e uma condição financeira confortável. Por que não?". O desejo de ser mãe vem com tanta força que as sensações de medo, ainda que intensas, tendem a se dissipar e a palavra *esperar* perde o sentido. "Esperar mais, por quê?" Muitas são divorciadas e não tiveram filhos (às vezes porque o cônjuge não desejava) ou, então, esperaram demais pelo "príncipe encantado", que não veio a tempo. O xeque-mate do relógio biológico é implacável.

De dez anos para cá, falar sobre e fazer produção independente, doação de sêmen, congelamento de óvulos, ovodoação e barriga de aluguel (ou gestação de substituição) perdeu o tom cinzento característico dos temas considerados tabus. Tanto é que faz parte do teor de conversas realizadas não só em encontros de amigas, como também já marca presença na grande mídia, nos jornais mais importantes e em programas de jornalismo de canais abertos, com difusão em rede nacional. Tive o prazer de participar do programa Conversa com Bial, da TV

---

2 Dados publicados no jornal *Folha de S.Paulo*, de 13 de janeiro de 2019, a partir de análise dos dados do Sistema de Informações sobre Nascidos Vivos (Sinasc), do Ministério da Saúde.

Globo, que foi ao ar no dia 2 de agosto de 2018. Contei a minha história ao lado de duas grandes guerreiras, a Poliana Abritta, apresentadora do Fantástico, que realizou a FIV e hoje tem três filhos, e a jornalista e escritora Teté Ribeiro, que recorreu a uma barriga de aluguel na Índia e tem duas meninas lindas. Que orgulho compartilhar com tanta gente a conquista da maternidade, com o apoio de tantos avanços científicos. Precisamos falar mais sobre isso.

***

Como diz a dra. Luciana, não existe uma receita de bolo, cada caso é um caso. O mesmo vale para a duração do tratamento. Depois de realizada a primeira consulta, em 11 de maio de 2009, agendei todos os exames que o dr. Paulo havia me pedido e levei os resultados pouco menos de um mês depois, no retorno marcado para o dia 1º de junho. Bem objetivo e seguro de sua conduta, ele não tinha dúvidas quanto aos próximos passos: recomendou-me a inseminação artificial intrauterina, que é um tratamento considerado de baixa complexidade. Em agosto seguinte, com a chegada dos lotes de sêmen e o início do meu ciclo menstrual, eu iniciava minhas primeiras incursões pelas instalações da clínica, com a aplicação diária de injeções para induzir a ovulação. Levava uma bolsa térmica com os medicamentos resfriados, religiosamente. Desde então, quem me acompanhava no dia a dia era a médica dra. Paula Fettback, integrante da equipe, que depois se tornou a minha ginecologista. Era ela que realizava o monitoramento do desenvolvimento dos meus folículos pela ultrassonografia transvaginal. Tudo estava indo muito bem (e bem rápido).

***

Lembre-se: é muito importante sempre consultar o médico, pois somente ele, com fundamentação técnica e profissional, pode solicitar a realização de qualquer exame.

A grávida é, antes de tudo, um forte

— Pense em alguma coisa ou alguém de quem você goste muito – falou o dr. Paulo de repente.

Nessa hora, pronta para receber um tubinho cheio de gametas masculinos (muito bem selecionados!), veio-me a figura do meu pai. Afinal, se era para eu pedir uma proteção, uma ajuda espiritual – se era para pensar em algo bom, que me enchesse de amor –, que fosse ele. Minha conexão era tão forte com meu pai que, ainda que não esteja mais por aqui, acredito que seja o nosso grande protetor (meu e da Vicky). Confio completamente.

Meu pai teve três filhas e, claro, como todo patriarca judeu, gostaria que todas se casassem com judeus. Nenhuma casou [exceto a Helen, já no segundo casamento], mas esse desejo dele, provavelmente, tinha a ver com o casamento em si, que se revela uma festa lindíssima e muito alegre. Obviamente essa expectativa dele se refletiu em mim, eu também ansiava por isso.

Essa coisa da mãe judia, da mesa farta, da casa cheia – como a minha casa era! – sempre esteve presente nos meus sonhos. De forma bem cartesiana mesmo: estudar, casar e ter filhos (nessa ordem, necessariamente). Meus pais casaram cedo para os padrões atuais. Minha mãe Giovanna, filha de italianos, tinha 17, 18 anos; meu pai, filho de poloneses, era dez anos mais velho. A história dos meus avós maternos e paternos, que vieram fugidos da Segunda Guerra Mundial, continuou na cidade de São Paulo, parte dela no bairro do Bom Retiro. Crescemos em um ambiente judaico, em meio a uma cultura marcada por preconceitos e expectativas bem definidas. Mas a minha lembrança é de uma infância extremamente feliz.

Foi em fevereiro de 1995 que os meus sonhos começaram a perder um pouco o sentido. A notícia da doença do meu pai foi um divisor de águas na minha vida. Um câncer raríssimo no intestino delgado, que se alastrou, veloz e implacavelmente, por nove meses. Visitava-o no hospital todos os dias. No meio do tratamento, foi para os Estados Unidos, em vão. Eu tinha 18 anos quando vivenciei o luto paterno. Ele, 58 anos. Eu não estava pronta, nunca estaria. Meu pai faleceu no dia 21 de outubro. Fiquei totalmente desnorteada e me atrevo a dizer que até hoje não me recuperei. Ele sempre fora meu porto seguro, admirava-o. Inteligente, culto, delicado, bonitão, um artista. [Acho que peguei essa veia dele.] Formado em arquitetura, falava sete línguas e dava aulas de história da arte. Um precursor, tinha até uma câmera Super 8. Brinco que, antes de existir o Google, era ele. Todos eram apaixonados pelo meu pai, era um prazer conversar com o Luiz. Daí vieram os episódios recorrentes de medo, ansiedade, depressão... (e os antidepressivos). Foi um período muito duro para mim, de dor e desalento, que se prolongou por bastante tempo. Meu pai não estaria mais ali para entrar comigo na sinagoga, nem para subir comigo no altar... Com o passar dos anos, o desejo de ter um filho tornou-se muito maior do que de ter um parceiro ou casar na sinagoga. Venho de uma família com predisposição a câncer – além do meu pai, minha mãe teve câncer de mama. Quando escolhi o doador de sêmen, levei isso em consideração. Não queria alguém com tantos casos próximos como eu tinha. São detalhes que não são meros detalhes, afinal. Quanto a esses aspectos de saúde, quem analisou o perfil do meu doador foi o embriologista dr. José Roberto, que também checa outras questões antes de assegurar a compatibilidade (fator Rh, por exemplo). No entanto, antes dessa etapa, é preciso verificar a disponibilidade dos lotes de sêmen – nem sempre aquele cara do qual você gostou está com lotes disponíveis. Tanto que o primeiro pelo qual me interessei não tinha nenhum. Do segundo, sim, e o dr. Paulo me orientou a comprar tudo. Ele me falou: "Eu não sei como você vai reagir. Traz tudo". E se não der certo de primeira? Se der certo, e se eu quiser engravidar de novo? Sempre existe a possibilidade de, em um segundo pedido, não haver mais lotes do mesmo doador. Foi o que eu fiz, há quase dez anos. O material não utilizado foi criogenado e deve ser mantido assim até eu decidir seu destino. Por conta dos trâmites de importação serem mais rápidos hoje, o dr. José Roberto sinaliza ser necessário analisar cada caso, sobretudo se não houver planos para um segundo filho. Mas é bom saber que os bancos são vistos pelo mundo inteiro e alguns doadores têm mais procura e menos amostras disponíveis.

Tudo aconteceu muito rápido naquele dia. Na sala onde me rodeavam alguns profissionais da clínica, entre eles o dr. Paulo Serafini, que realizou o procedimento, também se encontrava a minha irmã Karen Kupfer, hoje mãe da Nina, 21, e do Luiz, 22.

Temos diferença de quase seis anos uma da outra e sempre tivemos uma relação muito profunda, uma conexão absurda. A Ka foi uma das primeiras a saber do meu projeto mãe-solo e recebi seu apoio incondicionalmente. Aliás, poucas pessoas sabiam. Foi ela que esteve ao meu lado na primeira consulta e, com a sua intuição superapurada, me passou a confiança e a tranquilidade que eu precisava para encampar a empreitada com o dr. Paulo e equipe. Quando eu vim ao mundo, ela tinha apenas 5 anos. A Ka conta que, desde pequena, tinha um instinto muito forte de cuidar de mim – um instinto além do fraternal, materno mesmo. Crescemos assim, ela olhando por mim, o tempo todo. Ela, desde cedo, carregava um desejo de dar à luz a um casal. Tornou-se uma mãe tão zelosa e cuidadora que virou também uma das minhas grandes inspirações para o que viria...

***

Era início de setembro, ainda não havia chegado a primavera, mas, poucos dias depois (cerca de dezesseis dias), já me sentia grávida. O beta-hCG deu altíssimo e algo estranho se passava dentro de mim. Um único lote de sêmen fora o suficiente para emplacar a gestação da Victoria, que, inicialmente, veio acompanhada, mas chegou ao final da prova sozinha – forte e maravilhosa!

A gravidez em si não foi nada romântica – o oposto de maravilhosa. Não quero assustar ninguém, mas passei muito mal do início ao fim. De pronto, vieram os enjoos e vômitos, que não se restringiram ao primeiro trimestre e perpetuaram-se até o último dia de gestação. As náuseas começaram até antes disso por causa daquela enxurrada de hormônios que eu recebia diariamente pelo abdome – diz-se que a injeção é por via subcutânea –, pouco antes da inseminação. Lembro-me de vomitar quarenta vezes em 24 horas certa vez, tinha balde na casa toda! O dr. Paulo disse que nunca havia visto alguém passar tão mal. Suspeitou-se de uma tal hiperêmese gravídica, em que o corpo da mulher reage na forma de náuseas e vômitos intensos e de repetição, ocasionando mudanças metabólicas no organismo. De acordo com a dra. Paula Fettback, que solicitou minhas internações quando o quadro piorava, trata-se de um efeito da adaptação do organismo ao hormônio beta-hCG, que costuma se prolongar até a décima terceira semana de gestação. Só que no meu caso não tinha fim. Eu comia, mas vomitava, e havia risco de desidratar. Em certo momento, fiquei internada cerca de duas semanas para receber os medicamentos e a hidratação pela veia; depois, foram mais 3 a 4 meses com assistência em casa (*home care*) para seguir com os remédios. A dra. Paula explica que a exacerbação pode decorrer de algum estresse ou outro aspecto emocional. Segundo o meu obstetra, o dr. Marcelo Zugaib, que me indicou o dr. Paulo Serafini e fez o meu pré-natal – inclusive fiquei internada no Hospital Israelita Albert Einstein, onde ele atende –, não houve alterações metabólicas, como se espera na hiperêmese, conferindo ao aspecto psicológico um papel importante nesse cenário todo. Tanto que ele suspeitava serem tensionais as minhas dores de cabeça. Sempre tive enxaqueca, mas a da gravidez era de um nível sobrenatural... Se tudo isso não bastasse, em determinado momento, a hérnia de disco me pegou de jeito e quase impedira que eu andasse. Não fiquei sozinha um minuto sequer. Contratei os serviços da Vilma – um anjo! –, que foi um suporte vital.

A Vilma cuidou dos meus sobrinhos desde que nasceram. Conhece a família, portanto, há 22 anos. Foi ela que esteve ao meu lado (literalmente!) em toda a gestação. Levava balde onde eu estava, principalmente quando a barriga já dificultava meu deslocamento, me fazia carinho, falava coisas bonitas, animava--me, escutava-me... E, claro, cozinhava o que me dava vontade de comer. Foram incontáveis as vezes em que ela satisfez os meus desejos gastronômicos: fazia bolo de cenoura com cobertura de brigadeiro, quibe, comprava as frutas que eu queria – uma vez devorei uma bacia de lichias, noutra de jabuticabas. Era ela que me acompanhava nas idas ao hospital. Sei que sofria ao me ver naquele estado. Uma vez me perguntou por que eu havia feito a inseminação – ela achava que eu estava passando mal daquele jeito por conta do tratamento!

Era domingo certa vez, um dia cinzento de chuva. A Vilma não estava e liguei para a dra. Paula, porque estava muito mal. Lembro que ela veio em casa, ficou conversando comigo e me acalmou. Me contaria, anos depois, que o marido dela até ficara bravo naquele dia, mas a visita não havia demorado. Noutra ocasião, em que cheguei supermal na clínica, buscando a dra. Paula, desmaiei no elevador e fui levada de ambulância para o hospital. Outra médica me atendeu, pois a dra. Paula estava em férias – lembro-me de ligar para ela, chateada, por não estar lá para me acolher. É da minha personalidade explodir em situações que julgo serem desesperadoras, mas, na gravidez, sinto que tudo estava elevado à quinta potência.

Eu ficava irritada, nervosa, às vezes entrava em pânico! Desmaiei mais de uma vez. A Vilma sabe o quanto eu chorei e o quanto contei com dois apoios muito sólidos, Deus e meu pai, que estavam ali (eu sabia!) o tempo todo para me proteger. Eu pensava no meu bebê – eu tinha que ser forte! Quando íamos às consultas na clínica e no consultório da dra. Paula, que virou minha ginecologista depois das doze primeiras semanas (nos três meses iniciais, a rotina de acompanhamento era feita na própria clínica de reprodução assistida; após esse tempo, a gestante recebia alta), era uma alegria vivenciar a evolução do feto pelos ultrassons. A Vilma vibrava e já apontava para aquele corpinho minúsculo na tela, identificando semelhanças comigo. Saber que estava tudo bem com a Vicky me revigorava. A dra. Paula foi a primeira a ouvir o coraçãozinho dela – e quem identificou haver outro serzinho ao lado da Vicky, mas cujo coração não batia. Lembro que fiquei assustada – e se ela também não fosse para frente? Naquele dia, passei quase o tempo todo na clínica, fiquei mal e chorei... Me disseram depois que o segundo feto acabou sendo absorvido.

As chances de engravidar diminuem com o avançar da idade. Após os 37 anos, as taxas caem 10% ao ano – isso é fato! Uma das únicas variáveis às mãos da mulher que deseja engravidar tardiamente – apesar de pouco afetar aquela probabilidade – é o estilo de vida, que influencia diretamente o seu estado de saúde. E sabe-se que a saúde da mulher anterior à gravidez está diretamente relacionada ao seu bem-estar durante a gestação. Nunca fumei, nem bebi álcool e sempre amei viver de modo saudável, praticando atividade física e me alimentando bem. Sou vegetariana e procuro ao máximo consumir alimentos orgânicos. Apesar de todos os obstáculos que enfrentei, acredito que os meus hábitos permitiram que nenhum dos problemas mais comuns entre as gestantes de alto risco no Brasil, como o diabetes melito e a hipertensão gestacional, viessem à tona. Ambas doenças têm impactos não só para a gestante como para a criança em seu ventre. Saibam que uma alimentação farta em frutas, verduras e legumes está associada a uma menor pressão arterial.[1]

---

1 O diabetes melito gestacional é definido como a intolerância à glicose com início ou diagnosticada na gestação, enquanto a hipertensão induzida pela gravidez se desenvolve após a 20ª semana de gestação, com pressão maior ou igual a 140/90 mmHg, inchaço e/ou presença de proteína na urina.

Antes da gravidez, eu tinha um peso normal para minha altura. Foi a partir das aplicações de hormônio somadas aos enjoos repetitivos subsequentes, às enxaquecas e às dores nas costas, que demandaram cargas altas e frequentes de medicação (anti-histamínicos, analgésicos, anti-inflamatórios...), que comecei a ganhar peso absurdamente – uns trinta quilos a mais! Recebia remédio na veia, mas o enjoo não passava; eu estava medicada e vomitava... Caos! Tentei sorvete de limão, vinagre com tomate, e nada adiantava. Meu olfato, que ficou bastante apurado, também não ajudava. Um dia fui tomar banho e senti o cheiro da água – fiquei nauseada com água!

Nos três primeiros meses, eu tinha mais mobilidade, mais disposição, e praticava hidroginástica. Li muitos livros de pediatras e psicólogos americanos – devorei a disciplina positiva para pais solteiros. Eu estava tão feliz vivendo aquele sonho, montando o quartinho, me inteirando do assunto... A minha rotina era basicamente em casa, parte dela deitada. Via muitos filmes e séries (e nem tinha Netflix, parece que foi no século passado!), e como eu chorava... Fiquei muito derretida na gravidez. Com o passar do tempo, eu fazia o que dava. Vomitar é algo que cansa muito. Consegui viajar para comprar o enxoval, organizei um chá de bebê, e, de vez em quando, ia à praia, mas os enjoos e vômitos estavam à espreita *all the time*. No finalzinho da gravidez, a Vilma teve um problema emergencial de saúde e teve que se afastar por um tempo. Ela voltaria a morar comigo, desta vez para me ajudar a cuidar da Vicky. Com seus 64 anos e mãe de dois filhos, a Vilma é um exemplo incrível de mãe-solo. Cuidou deles sozinha e sempre trabalhou. Uma pessoa muito carinhosa e cheia de vida, apesar de suportar tantos problemas crônicos de saúde, como diabetes, hipertensão e câncer... Decidi ficar o restante da gestação na casa da Karen. Durante os nove meses, permiti que poucas pessoas participassem da minha vida. Não queria ouvir opiniões, não queria ouvir julgamentos. Não queria ouvir nada, eu queria ficar em paz.

***

O parto estava marcado para o dia 18 de maio – meu número da sorte, que significa vivo/vida no judaísmo. Era uma terça-feira. Mas quatro dias antes comecei a ter muitas contrações. Eu estava sozinha na casa da minha irmã. Ela e meu cunhado nunca saíam, mas naquela sexta-feira eles tinham ido jantar fora. Quando chegaram, eu me contraía, deitada de lado. Imediatamente, ligaram para o dr. Marcelo Zugaib, que orientou que fôssemos para o hospital. As malas não estavam prontas, não consegui avisar quase ninguém... Minha amiga de infância, a Guilhermina Guinle, por sorte estava em São Paulo e saiu de um casamento para me ver. Chegamos às 22 horas. Quando entrei naquela sala de parto, deitada na maca, minhas pernas tremiam, tremiam, tremiam. De ansiedade! De saber que não sairia dali de braços vazios. Sentei para tomar a anestesia raquidiana e, para não me mexer, nem respirei. Mesmo tendo tomado a raqui, continuei vomitando... Eu estava exausta. Só queria que ele abrisse minha barriga e tirasse a minha filha dali. A Vicky nasceu de 38 semanas na madrugada do dia 15 de maio, por volta das três da manhã. De repente, eu era mãe.

Uma semana antes, eu havia passado o Dia das Mães no hospital; eu não estava bem, sentia-me no limite, e queria muito dar à luz. Foi o dr. Zugaib, sabiamente, quem manteve a Vicky mais uns dias no meu ventre. Lembro dele me dizendo: "Não vou tirar ainda, o pulmãozinho não está pronto". Ele precisava ter a certeza de que não haveria problemas de ordem pulmonar por falta de maturidade do órgão. Demos tempo suficiente para a própria Vicky pedir para sair. Graças a Deus, ao nascer, ela já veio para meu colo. Chorei... Na hora do parto, também pensei no meu pai, mas não dá para explicar o que senti. Ele era a grande paixão da minha vida. Se eu pudesse fazer qualquer pedido, pediria mais tempo com ele. Queria que meu pai tivesse conhecido a Vicky... Acho um luxo e um privilégio amigas da minha idade terem o pai vivo. Também gostaria de poder falar: "Ah, hoje almocei com o meu pai" ou "Hoje meu pai está com a neta". Logo que a Vicky nasceu, acendi as velas do Shabat, como fazíamos quando meu pai era vivo. O nascimento da Victoria fez nascer um novo amor, amenizando a angústia de uma ferida que teima em ficar exposta.

***

Foi durante a gestação que procurei auxílio de um analista. Fazer terapia me ajudou a segurar a barra nesse período. Desde então, nunca parei. Inclusive porque grandes questões surgiriam ao longo dos anos seguintes, como a da ausência da figura paterna. Ao adquirir um sêmen de um banco americano, no momento de assinar os contratos, firmei minha decisão de não haver qualquer contato entre minha filha e o doador. As perguntas viriam, e eu tinha que estar preparada (objetiva e emocionalmente).

Dos sustos, descobertas e a satisfação profissional

Eu queria muito amamentar. Afinal, a amamentação é afeto, é vínculo, é proteção, é carinho, é alimento que vai além da nutrição... O leite desceu no dia seguinte, eu ainda permanecia no hospital. Para quem não sabe, amamentar não é algo instintivo, nem romântico. É preciso primeiro querer, depois aprender, com muita paciência... Quando existe o desejo, porém, o processo acontece, e é uma lindeza, mesmo que aos trancos e barrancos. Comigo não foi diferente. A Vicky não pegava, não abocanhava o bico. Ela ficou ali, procurando, cheirando, chorando... Tampouco os bebês nascem sabendo como fazer. Resolvi chamar uma consultora em amamentação que já tinha me dado algumas dicas, previamente, sobre pega correta, sutiãs mais adequados, importância de tomar sol... Mas nada sai como a gente planeja. Descobri que a pega pode ser um pouco mais difícil quando o bico é invertido. A dica foi simples e certeira: com as mãos, fazia uma preguinha na mama e pronto! Daí a Vicky pegava, mamava e deixava de chorar de fome... Ela nasceu em maio e lembro que fazia um frio rigoroso, tinha aquecedor na casa toda. Naquele período, quando ela queria dormir sem mamar, a gente descobria os pezinhos para fazer cócegas e ela acordava. De madrugada, ela vinha para o meu peito – eu não queria coletar o leite para que a Vilma desse. Em um caderninho, anotava quanto tempo ela mamava em cada peito e os horários ao longo do dia. Era maravilhoso aquele contato pele a pele com a minha filha. Uma conexão tão intensa, tão surreal, o olhar dela fixando o meu... Indescritível. Às vezes doía, às vezes era sofrido, mas amamentei com muito amor. Ninguém me falou que seria tão espetacular. Como eu vivi tanto tempo sem ser mãe da Victoria? Como eu pude esperar tanto? Eu estava tão feliz, tão eufórica! Entrei no hospital sozinha e saí com minha menina nos braços. É uma mudança de vida para um caminho infinitamente melhor.

Mãe de primeira viagem anota tudo e tem muitas dúvidas e preocupações. Íamos à pediatra uma vez por semana no primeiro mês. Eu tinha um caderno só para questões outras que não o aleitamento materno. E perguntava tudo: a temperatura da água do banho, se precisava passar pomada para assaduras na troca de fraldas, se podia furar a orelha, se o ar-condicionado do carro era prejudicial, sobre barulhinhos que ela fazia durante o sono e a respiração, se era aconselhável ter aquecedor no banheiro, a partir de que idade ela poderia fazer aulas de natação, sobre a ansiedade dela para mamar... Ufa! Foi um aprendizado incrível. Eu ficava quase o dia inteiro com a Vicky. Superexperiente, a Vilma me passava segurança e me ajudou muito nessa fase. Estava ao meu lado durante o banho dela, na troca de roupinha, na hora do sono, no momento das papinhas quando introduzimos os alimentos... Um ser de luz. Lembro que a levei para tomar todas as vacinas recomendadas. Sou supercaxias no aspecto saúde. Mas eu não aguentava vê-la recebendo aquelas injeções. A Vilma me socorria nessa hora, porque senão eu desmaiava. Após ela receber as primeiras vacinas, a pediatria deu carta branca para sairmos de casa.

Fazíamos passeios curtos, íamos ao parque, ao *shopping*... Se eu fosse tomar um café ou um sorvete, eu a levava comigo. Antes, saíamos apenas para ir a consultas médicas, comprar fralda ou algo que ela precisasse. E não gostava de amamentar fora de casa ou na frente de pessoas com quem não tivesse intimidade. Não era *freestyle*, mas respeito as mulheres que fazem, é um direito. Ainda assim, eu ficava exausta. Amamentar cansa demais, e poucas sabem disso antes de ter o primeiro filho. Digo que amamentei até o meu limite, por volta dos 6 meses de vida da Vicky, quando meu peito ficou bem machucado. Eu já estava emocionalmente resolvida, não era aquela mãe de querer amamentar a criança até 1 ou 2 anos. Nada contra quem tem esse desejo. Eu não tinha. E decidi fazer o desmame. Parar de amamentar, porém, é algo que dói, as mamas empedram. Eu fazia massagem, tomava remédio, usava *top* apertado, não foi fácil. Apesar disso, não havia espaço para tristeza, sentia-me muito mãezona e vivia aquilo tudo com muito prazer. É claro que quando nasce uma filha, nasce uma responsabilidade do tamanho do planeta, mas eu estava pronta para o que viesse...

Após as mamadas, a Vicky regurgitava muito, desde o início. Eram jatos, jatos e jatos! Nos primeiros 6 meses, era o meu leite; depois, a fórmula. A primeira pediatra nunca pediu um exame para fazer uma avaliação mais aprofundada, dizia apenas ser por conta de refluxo, que é o retorno do conteúdo do estômago para o esôfago, o canal que faz a conexão com a garganta. Era uma aventura viajar com a Vicky. Saíamos com uma mochila que acomodava mais três trocas de roupas, pois os vômitos já eram rotina. Graças a Deus, ela evoluía em linha ascendente na curva de crescimento. Ela estava bem, ganhava peso direitinho! E olha que demorei para descobrir a causa daquele refluxo interminável... Cheguei a levá-la várias vezes ao hospital. Certa vez, num domingo, a Victoria ficou roxa e corri para lá. Quase fiquei paralisada! Ela já tinha 9 meses de idade. Dessa vez, resolvi ligar para outro pediatra, que atende várias crianças da colônia judaica. Inclusive os filhos da Karen foram assistidos por ele. Por telefone, expliquei rapidamente o que acontecia e falei: "Estou voando para o Einstein". Ele pescou na hora: "Mariana, alguma coisa está errada, está fugindo do padrão. Vou fazer um videodeglutograma nela". Apesar do nome, é um exame simples, que consiste em ofertar leite com contraste para a criança e, em seguida, um aparelho de raio X filma a dinâmica do fluxo para verificar se o processo de deglutição está adequado. [O difícil era deixá-la paradinha!] Em outras palavras, ele queria saber se havia algum problema no caminho que o alimento faz da boca até o estômago, passando pela faringe (garganta) e pelo esôfago. E foi o suficiente para o dr. Claudio Len matar a charada: refluxo gastroesofágico com engasgos. Foi um alívio imenso saber qual era o problema. É comum nos primeiros 6 meses a criança apresentar refluxo por conta da imaturidade do sistema digestório, o qual se desenvolve com o tempo, e o refluxo desaparece. Outras levam até os 2 anos de idade. No entanto, não era um refluxo comum, porque provocava vômitos, engasgos e até falta de ar com uma frequência atípica. O dr. Claudio esclareceu o que estava acontecendo com a Vicky. Quando a gente respira, uma válvula chamada epiglote fecha a entrada para o esôfago; ao contrário, quando a gente engole líquidos e sólidos, essa mesma válvula bloqueia a entrada para a traqueia, evitando que os alimentos peguem o caminho errado e estacionem no pulmão. Caso isso ocorra, o indivíduo pode morrer de aspiração pulmonar. No caso da Vicky, voltava muito leite para a garganta por conta daquela imaturidade natural, e a válvula ainda não conseguia coordenar esse vaivém de líquido e ar com tanta eficácia, mantendo fechado o acesso ao pulmão a fim de evitar a entrada de leite. O corpo dela se livrava de uma aspiração pulmonar, mas deixava-a sem ar. Se os vômitos não viessem para liberar a passagem e para que ela pudesse respirar, ela ficava arroxeada e era preciso fazer manobras para desengasgar. Foi um dos maiores sustos que tive com ela quando pequena.

Tudo o que a gente começou a ofertar para a Victoria era medido, pesado e engrossado. Não só o leite com farinha láctea, mas a água, o suco e a comida, que recebiam espessantes. Ela tomou remédio antirrefluxo para diminuir o retorno da comida para o esôfago até os 6 anos de idade. Só parou quando tivemos a certeza de que estava tudo bem. Não à toa, o momento das refeições tornou-se um evento, era sempre uma preocupação. Lembro que também deixávamos o bercinho um pouco levantado para evitar o refluxo. Segundo o dr. Claudio, não se deve dar leite para uma criança e botá-la para dormir em seguida. É preciso colocá-la em pé e esperar um tempo. Quando engrossamos a comida e as bebidas, a coisa mudou. A Vicky melhorou de uma maneira significativa. E com o crescimento dela e o amadurecimento da válvula, os sintomas foram desaparecendo. Eu achava que a Vicky não gostava de comer, que era frescura. E não era! Ela recusava comer porque sabia que iria passar mal, não era falta de apetite. A partir do diagnóstico, comecei a ter uma preocupação enorme com engasgos. A cada tossida, a cada engasgada que ela dava, a minha adrenalina subia. Quando isso acontecia no carro, enquanto eu dirigia e ela estava sentada na cadeirinha, eu ficava louca. Quando o susto passava, era a Vilma quem me tranquilizava...

Da primeira consulta em diante, comecei a confiar inteiramente no dr. Claudio e conheci o seu trabalho com mais profundidade. Especialista em pediatria e reumatologia infantil, ele é professor da Escola Paulista de Medicina da Universidade Federal de São Paulo e fundador da ONG Acredite – Amigos da Criança com Reumatismo, que, desde 2001, oferece suporte de uma equipe formada por médicos, nutricionistas, fisioterapeutas, assistentes sociais e psicólogos a crianças e adolescentes que apresentam artrite, ou seja, inchaço e dores nas articulações. O atendimento também se estende aos familiares, que ficam muito impactados com a notícia, com medo e ansiedade. Hoje, porém, existem tratamentos espetaculares que permitem à criança levar uma vida normal. Quanto antes a equipe avaliar e der início à medicação, mais rapidamente os sintomas são controlados. A ONG Acredite atende 1.300 crianças anualmente em parceria com o Hospital São Paulo e promove eventos de arrecadação, dos quais já tive o prazer de participar. Os recursos financeiros usados com medicamentos, por exemplo, vêm totalmente de doações. É um trabalho muito bonito.

O dr. Claudio Len tornou-se não só o pediatra oficial da Vicky, como também um grande amigo. Estava sempre pronto a me atender. E eu ligava mesmo! Ele brinca que tem centenas de ligações minhas. E boa parte delas tinha uma outra razão, que igualmente me assustava. As febres da Vicky alcançavam no termômetro os 40 ou 41 graus. Eram altíssimas. Lembro-me de uns 3 ou 4 episódios desse calibre. Nunca convulsionou, mas ela ficava manchada, apareciam umas placas avermelhadas na pele. Eu corria para o hospital sem pensar duas vezes. Confesso que tive um minienfarte em cada evento desses. [Descobri, mais

tarde, que eu também tinha essas febres altas quando pequena.]
Era *réveillon* de 2012 quando a Vicky, com quase 2 anos de idade,
ficou com febre por doze dias. Levei-a ao hospital e ela tomou
antibiótico por três dias na veia. Foi uma infecção respiratória
em cima de outra, que não havia sido bem curada. Lembro que
ela fazia muita chapa do pulmão...

Vivi sustos pelos quais muitos pais passam, mas não sou
uma pessoa que lida bem com surpresas. Os vômitos dela eram
muito assustadores, jorravam pela casa. Tínhamos que prender
os cachorros, senão era o caos. As febres altas me impressiona-
vam, eu ficava nervosa. Sou uma mãe mais apavorada mesmo.
As tosses também eram uma constante por causa do refluxo
e dos catarros. Quantas madrugadas não fiquei acordada com
essa menina. Eu ficava sempre de olho na babá eletrônica. Ela
tossia tanto que vomitava dormindo. E o medo do engasgo? De
uns tempos para cá, não faço mais um *big deal* quando ela se
machuca. Eu pego no colo, desinfeto, passo pomada, mas antes
não era bem assim. A gente é muito bobona no primeiro filho.
Você se acha uma burra, que não sabe fazer nada... Tenho uma
amiga que está no terceiro, e ela fala: "A chupeta cai no chão,
pego e boto na boca de novo. Nem lavo".

Quando penso em ter mais filhos, fico toda arrepiada. É um
assunto que ainda me toca muito. Eu amo aquele cheirinho de
bebê! Se eu soubesse da possibilidade de hiperêmese gravídica
antes, eu teria tentado gêmeos. Gosto da casa cheia, acho
bom ter irmãs... Uma das vezes em que a Vicky falou que queria
um irmão, eu respondi: "Tá bom, então a mamãe vai arrumar um
namorado e você vai ter...". De pronto, ela retrucou: "Não, mãe!
Eu quero que você engula outra sementinha do amor!", *porque*
era dessa forma que eu explicava como ela havia sido gerada. A
chance de eu passar por outra gravidez enauseada e vomitando

do começo ao fim é enorme, beira os 90%. Só de pensar nisso, estremeço. Lembro de uma frase que as pessoas me falavam: "Ah, mas você vai esquecer a gravidez". Nunca vou esquecer da minha gravidez, eu passei muito mal! Além disso, não estou tão garota para encarar outra gestação, mas o desejo eu tenho. Eu queria ter outro filho. Hoje, acho que eu faria uma barriga de aluguel, mas não sei se encararia o desafio sem um parceiro. Meu único arrependimento hoje, quando olho para trás, é este: não ter tido filhos mais cedo.

***

"Você tem que fazer alguma coisa relacionada à maternidade." Ouvi essa frase algumas vezes durante a minha gravidez e os primeiros anos de vida da Vicky. Eu havia passado meses e anos lendo e pesquisando sobre maternidade e primeira infância: amamentação, comportamento, refluxo, alimentação, enxoval... A Vicky tinha 5 anos de idade quando veio o convite para eu apresentar o AMAR – Maternidade e Amor, canal no YouTube em que entrevisto um convidado sobre algum assunto desse universo. O primeiro episódio foi ao ar em dezembro de 2015 e, desde então, realizei-me profissionalmente. Conheci pessoas muito especiais, que vivenciaram histórias que estão além do que a gente acha possível suportar. Todas repletas de delicadeza, contadas por mães e pais tão preenchidos pelo amor à vida, pelo amor aos filhos, que fica claro de onde vem tanta força e coragem. De todos os meus trabalhos como comunicadora, nunca fiz nada tão profundo como o AMAR. O programa me proporcionou uma identificação completa. Em junho de 2018, conversei com a Alessandra Begalli, mãe do Lucas, que faleceu aos 10 anos em decorrência de um engasgo. O incidente aconteceu em setembro de 2017, quando ele comia cachorro-quente em um passeio da escola, em Campinas, SP. A mãe conta que ele nunca havia apresentado dificuldades para engolir, tampouco refluxo. Foi um episódio totalmente isolado. No entanto, se os professores, colegas ou funcionários presentes estivessem preparados para fazer a manobra de desengasgo de forma rápida e adequada, essa fatalidade não teria ocorrido. O engasgo interrompe a respiração, e a parada cardíaca vem em 2 a 3 minutos. Logo depois de nossa entrevista, e a partir de uma campanha encabeçada por Alessandra e a irmã Andréa, foi instituída, no Estado de São Paulo, a Lei Lucas (n. 16.802, de 27 de julho de 2018), tornando obrigatória, na educação básica da rede escolar pública e privada, a presença, em cada turno, de pelo menos 1/3 dos profissionais com habilidade para realizar os primeiros-socorros. E após meses de articulação, a Lei Lucas também foi aprovada no Senado e obrigará todos os estabelecimentos públicos e privados de ensino e de recreação infantojuvenil (inclusive *buffets*) do país a oferecer treinamento em primeiros-socorros para seus funcionários. É uma imensa conquista! Fico orgulhosa de estar à frente de um programa, com um engajamento enorme de seguidores e que já chegou à sexta temporada, capaz de contribuir para a mobilização da sociedade em prol da transformação do luto e da tristeza em luta e em vitória.[1]

***

---

1 A sufocação e o engasgamento são a terceira causa de morte acidental de crianças e adolescentes de 0 a 14 anos no Brasil, segundo a ONG Criança Segura.

Antes daquela entrevista, a Vicky havia tido um episódio de engasgo. Eu estava junto e a desengasguei. Sempre falo para ela: "Vicky, quando você estiver em algum lugar e a mamãe não, corta e amassa a comida direitinho". Ela responde: "Tá bom, mãe, você já falou". Não tem como a mãe controlar tudo... Sinto que, à medida que ganhava experiência como mãe, a minha coragem e o meu medo também aumentavam. Um verdadeiro paradoxo de leoa mesmo.

Minha filha, minha parceira

Living the moment fully... Antes de apresentar o programa AMAR – Maternidade e Amor, eu era mãe 24 por 7. Ninguém precisava me contar: "Olha, ela engatinhou" ou "olha, ela falou a primeira palavra". Não. Eu queria ver tudo isso acontecer. E vi. Curtia cada progresso da Vicky. Eu estava presente *full-time*, realmente participava de tudo. As pessoas falavam: "Você tem que sair, tem que ver gente". Até meu obstetra, o dr. Marcelo Zugaib: "Nem que seja para comprar uma pomada para assaduras na farmácia". De fato, correr atrás da vida, trabalhar mesmo foi com o AMAR. Lembro que um dia eu estava gravando em casa e ela chegou da escola. Ao ver aquelas câmeras, a luz, a mãe maquiada, a Vicky não curtiu. Não reagiu bem. De repente, ver aquela mãe sempre disponível em outra condição, maquiada e com foco em outra coisa, foi um choque. À época, disse várias vezes que eu trabalhava muito, que odiava meu trabalho. Hoje, ela aceita melhor.

Sabe que algumas amiguinhas dela também têm mães com um ofício além da maternidade. Para ela entender, comecei a dar exemplos: "Sabe a tia Rê, que cuida da Mia e do Big [os nossos cachorros]? Ela tem uma filha e trabalha como veterinária". "A dra. Paula, médica da mamãe, tem uma menina." E fui fazendo uma lista de mulheres do convívio dela que têm uma ocupação fora de casa, como a Sandra, nosso anjo da guarda que, além de realizar a faxina e preparar a comida em casa, me ajuda no cuidado com ela. Por ter coleguinhas com mães do lar, sem auxílio de babá, eu sempre complementava: "Essas mães também trabalham, Vicky. Elas buscam e levam os filhos à escola, fazem isso e aquilo". Sempre antes de viajarmos combino com ela: "Uma hora do dia a mamãe se dedicará a fazer as coisas dela. No restante do tempo, faremos o que você quiser". Ela entende, mas reclama: "Não quero que você fique no telefone". Apesar de haver passado alguns anos, a Vicky não gosta quando gravo ou faço fotos. Busco reforçar o prazer que tenho com meu trabalho, além de me sentir realizada e me ocupar fazendo o que amo. Sei que é passageiro, e a vejo mais interessada: me pergunta quem vou entrevistar quando estou estudando a pauta, me pede para assistir a algum episódio.

Algumas amiguinhas comentam com ela: "Ah, sua mãe é famosa". De vez em quando estamos em algum lugar e uma pessoa pede para tirar foto comigo. Daí ela me pergunta: "Mãe, você a conhece?". Explico que não, que ela deve ter visto a mamãe na TV ou na internet. Ela mesma já se viu em revistas e na televisão. Nunca escondi a Victoria, desde o início postei fotos nas mídias sociais. Foi algo bem natural. Mas a Vicky não é uma criança com veia artística. Não deixa mais tirar tantas fotos como eu gostaria. Digo o quanto a fotografia eterniza os melhores momentos: os espetáculos de balé, as apresentações na escola, as festinhas de aniversário... Ela é uma criança dos bichos, ama os animais e diz que vai ter um abrigo para cachorros, seu animal preferido. Outro dia, ela falou: "Mãe, queria um sítio com quarenta cachorros resgatados". "Para você ter esse sítio, tem que estudar e trabalhar para consegui-lo." Aproveito esses ganchos para ressaltar o papel dos estudos e do trabalho nos sonhos dela. Comecei a explicar um pouco sobre as profissões: "Quando você crescer um pouco mais, poderá escolher as coisas que gosta de fazer". Já disse querer ser astronauta, bombeira, policial... Agora é a fase dos bichinhos. Diverte-se muitíssimo brincando e passeando com a Mia e o Big. A Vicky tem muita habilidade com as mãos, adora montar robô, pintar, brincar de *slime*. Ama jogos de tabuleiro, em especial o jogo da memória, sua especialidade – ninguém ganha dela nesse!

Nós duas amamos viajar. Acho que se trata de uma das experiências mais enriquecedoras para uma pessoa. Levá-la a um museu e ver os olhos dela brilhando é fascinante! Ensiná-la sobre outras culturas e etnias e mostrar novos cheiros e paisagens me deixa muito feliz. Desde que a Vicky era um bebê, a gente viaja muito. E um monte de gente falava: "Ela não vai lembrar". Eu dizia: "Mas eu vou". Eu amo viajar com a Vicky. Acho que é trocar a roupa da alma. A primeira viagem internacional foi com uns 10 meses, ela engatinhava. Fomos a Vicky, eu e a Vilma para Miami. Quando ela já tinha 1 ano de idade, fomos para a Disney. Ela ficou doida com os personagens. Nos primeiros anos, eu optava por hotéis que tivessem cozinha. A Vilma preparava a comidinha da Vicky, além de engrossar o leite e a água para evitar episódios de refluxo. Deu muito certo, eu ficava tranquila. Também já fomos para Inglaterra, França, Portugal, Espanha, México... Uma vez por ano faço questão de levá-la para algum canto fora do Brasil. Com 4 anos de idade, conheceu a Itália, a primeira viagem cultural dela. Até hoje lembra do Museu de História Natural, em Firenze. Ela é parceirona. Curiosa, topa tudo, anda comigo pra lá e pra cá, gosta de explorar, tem 100% de aproveitamento. Diferentemente da mãe, que prefere a água do mar, ela ama ficar na piscina dos hotéis. Quando a Vilma ia conosco, ela entrava também e ficávamos brincando. Uma farra! Como eu queria que a Vicky aprendesse a nadar desde cedo, assim que a pediatra liberou, ela foi logo para a água. E como se revelou uma criança destemida! Ao contrário da mãe, que tem medo de altura, de avião... Vicky anda de tirolesa, sobe no pula-pula e dá mortal, anda a cavalo, etc. Não tem medo de bicho algum! Extremamente corajosa e ativa. Aos fins de semana, quando não está na casa de uma amiguinha, a minha programação é com ela. E, com frequência, vamos para a casa de alguma amiga na praia ou no interior. Juntas, somos muito companheiras. É cinema, museu, *show*. Em 2018, fomos ao da Kate Perry, o primeiro dela. Divertiu-se horrores. Sem falar no amor que ela tem pelas *performances* do Cirque du Soleil.

Sinto muito prazer em estar com a Vicky. Gosto de olhá-la, abraçá-la, beijá-la. Eu amo colocá-la para dormir, fazer carinho nas costas, cheirar aquela cabecinha. Fico olhando-a pegar no sono e aproveito para enchê-la de beijos. Ela não deixa mais eu beijar a qualquer hora. O tempo passa tão rápido... Muitas amigas minhas me falam: "Você acabou de voltar de uma viagem com ela, por que não viaja com as suas amigas?". Mas não pego avião, nem viajo sem ela. Não tenho essa necessidade, não fico feliz. Claro que tenho os meus momentos, em que preciso fazer a minha ginástica, tingir os cabelos brancos, enfim... Aquele tempo que reservo para cuidar de mim mesma e lembrar que sou mulher, e não só mãe.

Coloquei a Vicky com 6 meses de idade nas aulinhas de motricidade, música e artes da escolinha Steps Baby Lounge. Eram dois dias por semana, meio período só, e eu ficava lá com ela, ao lado de outras mães. Batia palminha, ouvia instrumentos, pintava. Subia e descia nos objetos distribuídos pela sala, virava-se nos colchonetes, movimentava-se o tempo todo. Oferecer estímulos, era isso o que eu procurava para a Vicky. Com pouco mais de 1 ano de idade, ela começou a andar e a coloquei no Sementinha, que é a pré-escola da Steps, em que ela ficava no período da manhã. Eu já não permanecia lá, mas levava os potes com os engrossantes. Uma supercautela. Eu a buscava, almoçávamos e depois era a hora da soneca. Até hoje tenho amizade com as mães das coleguinhas dela dessa época. Era uma turma pequena e muito coesa. Naqueles primeiros anos, lembro que a levava frequentemente a teatrinhos e outras atividades infantis.

Tenho amigas com filhos de 2 anos de idade que ainda não frequentam a escolinha. E acho que não deve existir regra para isso. A mãe deve respeitar o tempo dela, e cada criança tem o seu *timing* também. Tem que fazer bem para ambos. O mesmo vale para dormir na cama dos pais, desfraldar, largar a chupeta... Quando achei que era a hora, pedi para a escolinha me ajudar com o desfralde. E ocorreu de uma maneira bem lúdica. Colocava para ela ver um DVD do Elmo usando um penico que tocava música. Quando ela ia para o penico, a gente batia palminha. Deu certo. No caso da chupeta, foi um pouco mais complicado. Na festa de aniversário de 3 anos de idade, combinei com os atores que fizeram um teatrinho para pedirem a chupeta. O tema foi da Pequena Sereia, e a Vicky adorava os personagens. Quando eles fizeram o pedido, ela entregou. Só que, ao voltarmos para a casa, foi um caos. Chorou a noite inteira. No dia seguinte, ficou sem, mas voltou a pedir. Apelei para o Google. Mostrei a ela uma foto de dentes podres e disse que, se ela não largasse, os dela também ficariam daquele jeito. Resolveu.

Desde os 3 anos de idade, ela frequenta a mesma escola onde estudei, a americana Graded, onde fica das 8 às 15 horas. Sonhava que ela também estudasse lá. É impressionante como o amadurecimento dela deu um *up*! A partir daquele período, comecei a construir uma rotina mais estruturada, com horários para isso e aquilo. Digo que sou a mãe legal e a mãe brava, porque exijo disciplina. Fico em cima, sou bem rigorosa, principalmente em dia letivo. No meio da semana, é assim: tem horário para acordar, tem o momento da leitura, tem que fazer a lição, tem as atividades extras. É o futebol (a paixão dela!), o balé, a natação, a terapia, as aulas de culinária. Todo dia sentamos para fazer a lição e a leitura, que são – digo a ela – prioridade. Sou chata acima da média com isso. A Vicky é ótima aluna, mas não ama estudar e, se puder, procrastina a lição, deixando para a última hora. Fico no pé. Não sou de cobrar notas altas, nem quero que ela fique se cobrando. Acho que a cobrança deve ocorrer quando o farol vermelho acende. Reduzo drasticamente o uso de aparelhos eletrônicos, mas não me incomoda que ela assista à TV enquanto janta. Ela criou esse hábito por conta da época em que vomitava e rejeitava comida. Era uma forma de distraí-la e fazê-la aceitar. Aos fins de semana e durante as férias, sou mais liberal com os horários e as telas, mas fico de olho. As brigas são bobas, claro, e diárias. Dos 6 aos 9 anos, foi uma fase de pequenas batalhas. O exercício de dizer "não" é um grande desafio para mim. Busco dar argumentos para ela entender e aceitar. Às vezes, a Vicky vence pelo cansaço, mas, em geral, sou firme nas minhas decisões:

— Mãe, quero ir de *short* para a escola.

— Não, não vai. Está fazendo doze graus. Você vai ficar doente.

— Mas é o meu corpo, não sinto frio.

— Não.

"Vai escovar os dentes, vai fazer xixi, passa protetor, vai fazer lição..." A Victoria faz o que precisa, mas adia o quanto pode. E quer fazer tudo sozinha, tornar-se independente, fazer as próprias escolhas. Na hora das refeições, já não quer usar prato, nem talheres infantis. Quer lavar e secar o cabelo sozinha, eleger a roupa daquele dia, cuidar do aparelho dental... Às vezes, pega no sono só bem depois que a coloquei na cama. Sei que fica cansada no dia seguinte. Engraçado que, quando pequenina, também ignorava o sono e brigava com ele durante o dia, não queria perder um minuto. Há coisas que estão fora do nosso controle. [O tempo, inclusive, que passa muito rápido!] E é assim que o aprendizado acontece. É muito louco isso.

Quanto à alimentação, sempre fui permissiva, até acho que deveria ter colocado mais limites. Por outro lado, a Vicky é uma menina saudável e eclética. Um dos pratos preferidos dela é arroz com *shoyu*, brócolis, ovo mexido e frango. Adora *sushi*, cogumelo, macarrão com queijo e manteiga. Não gosto de proibir, acho que banir o consumo de um determinado alimento não é o caminho. Claro que evito oferecer "lixos nutricionais", mas, como toda criança, ela gosta de bala, de *waffle* com creme de avelã, de algodão-doce, brigadeiro... E está descobrindo outras guloseimas. Há pouco foi a vez do refrigerante. Nas férias e aos fins de semana, sou mais flexível. Em festas, sempre a deixei comer de tudo, e por isso acredito que ela nunca tenha exagerado. Aliás, a agenda social da Vicky é intensa, com inúmeros convites de festinhas de aniversário. Mas ela só vai naquelas de quem gosta. Eu entendo. E é uma ansiedade quando vira o ano. Fica contando os meses para comemorar o próprio aniversário.

Curte do começo ao fim. Já fizemos festa em *buffet*, em casa, no boliche, em restaurante. A interação dela com outras crianças sempre fluiu bem. As amiguinhas vão umas nas casas das outras. E brincam de tudo, correm, tem esconde-esconde, pega-pega, bicicleta. É uma menina que conquista as pessoas. Minhas amigas brincam: "Mari, estou com saudades de você, mas, da Vicky, estou morrendo. Essa criança é uma bênção". A Vicky é doce, mostra respeito pelo próximo, pede por favor. Quantas vezes parei e pensei: "Poxa, estou fazendo a coisa certa...". O que mais desejo como mãe é passar os meus valores para ela, um *environment* de proteção e educação. Não só os preceitos da religião judaica, mas os valores que herdei da minha família ao longo da infância e adolescência. Sou muito grata aos meus pais pelas oportunidades que me proporcionaram. Acredito que os filhos sejam, em grande parte, o reflexo dos seus cuidadores. A hora que uma mãe (e/ou um pai) coloca um filho no mundo, não depende só dela, mas a educação e os valores daquele seio familiar com certeza vão pesar. Quero proporcionar à Vicky as condições para que ela possa se tornar o melhor de si, sendo educada, tratando bem o próximo. Todo dia lembro do quanto ela é privilegiada. Desde pequena, pratico com ela a compaixão e o colocar-se no lugar do outro. Quando vemos no farol uma criança no colo de uma mãe, ela fica enternecida. Ela me pergunta: "Mas por que essa pessoa mora na rua? Por que ela não tem uma casa?". Aqui no Brasil, é preciso mostrar desde cedo a desigualdade social, que está à nossa porta, para que a criança aprenda a respeitar e compreender o outro, independentemente das diferenças. A Vicky gosta de doar roupas e brinquedos para quem precisa. Ela mesma separa as coisas, acompanha para onde está indo, e as pessoas mandam fotos depois. "Não serve, não usa, não gosta?

Vamos doar." Criamos esse hábito. Falo para ela agradecer a Deus por ter um lar, um cobertor, comida... Também a religião tem um papel importante na formação do caráter. Levei a Vicky à sinagoga algumas vezes, em ocasiões de festa e Bat Mitzvás, inclusive a minha vontade é que ela faça ao completar 12 anos. Já fez algumas aulas de hebraico, mas ainda não amou. Eu me empenho para que o amadurecimento da Vicky aconteça sob uma base ética e moral sólida o suficiente para que ela possa voar bem alto. Digo: "Seja gentil, agradeça, peça por favor, despeça-se. Valorize suas amizades que a vida lhe dará irmãos". É um exercício árduo e diário. Ao mesmo tempo, acredito que um filho já venha com um espírito próprio. Quero dizer assim: ainda que tenha uma família estruturada e condições perfeitas para se desenvolver de maneira saudável, nada garante que isso irá acontecer. Ou que será educado, ou respeitoso, ou bom aluno. Tento dar o meu melhor, mas muito vem dela mesma.

Ouvi várias pessoas me dizerem: "Você é a melhor mãe que a Victoria poderia ter, que mãezona, queria ser uma mãe igual". Sou uma leoa mesmo, que lambe a cria, extremamente protetora e cuidadosa, que dá patada e peita! Se sinto que alguém fez algum mal para minha filha, eu viro bicho. Não posso vê-la chorar. Quantas e quantas vezes indaguei a Vilma em tom rígido: "Por que ela está chorando? Precisa chorar assim? O que foi, filha?". Muitas vezes, não era nada demais, mas eu ficava angustiada. Quando ela volta da escola tristinha, eu fico sentida. Explico que aquilo poderia ter sido de outro jeito, mas nessas horas eu queria que fosse comigo. Assim como nos episódios de febre, nos dias em que ela teve que coletar sangue ou tomar vacinas, quando vomitava... Eu queria que fosse comigo! Eu tomo as dores. Considero que sou supercorajosa, mas é uma coragem que tem o medo como pano de fundo. E o medo, inerente a este sentimento maravilhoso da maternidade, é o que desperta a leoa dentro de mim.

Foi dessa forma que consegui lidar (e continuo lidando...) com as dificuldades de uma produção independente. Não tinha um parceiro para compartilhar os desafios do dia a dia: o exercício do não, a negociação constante, as decisões mais difíceis, a angústia dos episódios de engasgo, febre, vômitos. Tampouco para dividir aquela sensação de culpa que vive à espreita, principalmente quando a Vicky expressa desapontamento. Ninguém gosta de frustrar o filho. Aceitar que as decepções virão é um exercício de maturidade. Pois é, mãe se exercita o tempo todo... Assim como a Vilma, a Sandra já faz parte desta família, mas o papel delas não é educar. Essa função é exclusivamente minha. Para não enlouquecer, evito ao máximo pensar na falta que fizeram pessoas essenciais para mim, como o meu pai. É curioso como faço questão de contar para a Victoria sobre ele. De manter essa memória viva. E ela diz que queria ter convivido com o avô. Fala nele sem tê-lo conhecido. Quando vê uma estrela no céu, ela aponta: "É o vovô Luiz". Parece com ele, dorme igual a ele! Tem foto no quarto. Uma coisa louca. A primeira vez que fui à Disney, com 8 anos, foi meu pai quem nos levou, a mim e a minhas irmãs. É quem protege a gente, tenho certeza. Durante estes dez anos de maternidade independente, tive o apoio que precisei, sobretudo da Sandra, da Vilma e da minha irmã Karen, e recebi o suporte de muitos amigos. A Vilma ficou direto conosco até os 3 anos de idade da Vicky, ajudando-me a cuidar dela. Depois vinha eventualmente quando precisava. A Karen é minha *irmãe*. Estando fisicamente longe ou perto, é meu porto seguro. Tem um dom com criança inacreditável, ama a Vicky! Quando está pertinho de nós, é uma alegria. Sou muito agradecida a todos. E ainda que, naqueles primeiros anos, minha autoestima estivesse lá embaixo e o retorno ao meu peso anterior tenha sido lento, a maternidade me preenchia de tal forma que nada daquilo importava.

***

Quando firmei os contratos com o banco de sêmen, optei por um doador que quisesse permanecer no anonimato. Por que eu colocaria a minha filha, com 18 anos de idade, num café, para apresentá-la a um desconhecido? Sem fazer juízo de valor, mas isso é pirante! Para mim, para ela, para o cara! Uma coisa é eu me relacionar com alguém e essa pessoa se envolver com a Victoria e se tornar um pai do coração. É algo construído. Brinco que, se eu me relacionar com alguém, vai ser igual grávida, só vou contar para a Vicky depois do terceiro mês. Quando tem filho no pacote, para o relacionamento dar certo, o primeiro quesito é: "Olha, eu tenho filha, você gosta de criança?". Esse potencial parceiro está disposto a tratar bem a minha filha? Quando entrevistei a Karina Bacchi, que também fez produção independente, ela ainda gestava. O filho Enrico nasceu e só depois ela conheceu o atual marido. É ele quem vai cuidar do menino ao lado dela. Claro que desejo um companheiro, mas, assim como a Karina, não queria que ter filho estivesse condicionado a ter alguém na minha vida. Sigo meus instintos, não busco aprovação das pessoas.

Quando sabem da minha história, muitos me questionam sobre o que vou dizer para a Vicky. Sinto que a questão da paternidade é uma incógnita para ela. Uma série de coisas, porém, são um mistério para essa menina. A curiosidade da Vicky é insana, são mais de cem perguntas por dia. "Mãe, quantos metros tem um campo de futebol? Como um bebê mama? Quantas vezes a Bélgica ganhou a Copa? Quantas pessoas existem no mundo? Por que o Oceano Atlântico foi formado? Por que trovão faz barulho?". Três dúvidas dela me marcaram muito: o que é alma, o que é Deus e por que ela é da religião judaica. A Vicky percebeu que boa parte das coleguinhas são católicas e quis saber quem são as amigas judias e por que se fala hebraico em Israel. Fora as questões do dia a dia: por que tem fila em banco, por que se deve comer a sobremesa após o jantar, o que é promoção, etc., etc., etc. Brinco com ela: "São oito horas da noite. Fechei para perguntas. Só amanhã agora". Digo a ela que eu queria ser uma mistura de Google com bola de cristal para responder a todas as indagações que ela me faz. Teve uma vez, porém, em que ela foi superincisiva:

— Mãe, por que não tenho pai?

— Eu também não tenho – respondi.

— Mas você teve – ela continuou.

— Vou resumir para você. A Vicky só existe porque eu existo. Você só está aqui porque eu estou. – Fim da conversa.

***

É louco pensar na ausência de uma figura que nunca existiu na vida dela. Não tem como sentir falta de alguém que não esteve presente em momento algum. No entanto, sinto-me no mesmo barco de uma mãe que, de súbito, perdeu o marido por infarto ou suicídio. O que essa mãe diz para os filhos? Como explicar que o pai não voltará mais? Eu também tenho essa curiosidade... Fazer análise me ajudou a trilhar os meus caminhos como mãe da Vicky. Uns anos atrás, com uns 4 anos de idade, ela me viu chorando muitíssimo... A terapeuta me disse que ela tinha que me ver chorar mesmo. Falei para a Vicky: "A mamãe está muito triste. Você não chora quando bate o joelho, briga com alguém ou sente uma tristeza?". Não queria esconder o meu choro dela, eu queria que ela entendesse que, às vezes, a mamãe não está legal. Uma das maiores preocupações na produção independente é saber quando e de que modo contar para a criança como ela chegou ao mundo. Como explicar a ausência da figura paterna? Várias dessas mulheres que são também mães-solo já me pediram indicação de psicóloga. Sempre digo que não há ninguém que possa construir essa estrada por elas ou que traga a resposta que deve ser dada àquele filho. Uma terapeuta pode fornecer as ferramentas a fim de que essa busca seja exitosa, mas esse percurso é, exclusivamente, da mãe. O que vou falar para a Victoria não é o mesmo que outra mãe vai dizer ao filho. Cada um tem a sua história. E a Vicky tem a dela, é única.

Penso e desejo contar para a Vicky como ela foi gerada, com muita sinceridade. Dizer que a mamãe não engoliu uma sementinha do amor. E que eu falava desse jeito para ela entender o quanto eu a queria... Muito! Mas que, com o passar dos anos, assim que ela estivesse pronta, com capacidade cognitiva suficiente para ouvir e compreender a própria história, tintim por tintim, eu o faria. Ao lado do dr. Paulo Serafini, quero contar a ela como foi o processo de inseminação, mostrar onde as consultas e os procedimentos ocorreram e apresentar quem me acompanhava naqueles momentos cruciais, torcendo por mim, dando força para que desse tudo certo... Quando entrevistei o dr. Paulo Serafini e a dra. Luciana Chamié, que teve a Nina com 42 anos, estive na Clínica Huntington mais uma vez. Ao andar por aquele corredor que conecta os consultórios ao laboratório, no piso superior, chorei... Lembro que a emoção foi muito forte. A Vicky estava comigo, mas ainda não era o momento de contar. Quando ela entender como os bebês são concebidos, talvez seja a hora certa. O que me deixa realmente feliz é ela ter percebido que existem outras estruturas familiares além do modelo tradicional homem e mulher, da dupla pai e mãe. Ter conhecido a Karina Bacchi quando solteira e mãe-solo, por exemplo, reforçou isso. Ela tem um amiguinho na escola que tem dois pais homens. Já é algo natural para ela que há homens que casam com homens e mulheres que casam com mulheres. Que há, enfim, muitas formas de amar...

Família, um universo de possibilidades

"Era uma vez uma floresta cheia de árvores, com pássaros voando por todos os lados. Uma das aves tinha montado o próprio ninho em uma daquelas árvores, depois de muitos dias de trabalho. Só que veio uma tempestade, tão forte e longa que derrubou o galho onde ela havia instalado o bercinho para os seus ovos. Pensativa e preocupada, a mamãe pássaro logo teve uma ideia: 'Por que não pedir emprestado o ninho de outra mamãe pássaro?'. Afinal, não havia tempo hábil para construir um novo. Foi o que ela fez. Acolheu os ovinhos e alimentou os filhotes em um ninho emprestado, hospedado em um outro galho. A mamãe pássaro ficou muito agradecida pelo ato de generosidade de sua vizinha. E os filhotes cresceram e tornaram-se pássaros muito saudáveis..." Essa pequena história é uma adaptação de um episódio real, belíssimo, sobre uma professora que criou e desenhou uma narrativa, de uma maneira bem lúdica, para dizer a sua aluna o seguinte: eventualmente, seja um pássaro, seja um cachorro, seja uma pessoa, todos podem precisar de um "ninho" emprestado. Aquela aluna, filha de uma mãe que havia recorrido à barriga de aluguel, era fruto de um dos grandes recursos da medicina reprodutiva. O útero daquela mãe não estava bem o suficiente para manter uma gravidez. Seus óvulos, porém, eram saudáveis, e o pai não apresentava problemas de cunho reprodutivo. O desejo da maternidade chegara e, apesar dos obstáculos, haviam conseguido a dádiva de tornarem-se pais. As crianças ainda não têm maturidade para processar informações dessa envergadura, mas brincar com a imaginação delas pode ajudá-las a compreender, lá na frente, a narrativa da própria vida.

O casal de jornalistas Teté Ribeiro e Sérgio Dávila poderia ser os personagens dessa história. Teté fez questão de registrar em um livro, intitulado *Minhas duas meninas*, tintim por tintim a narrativa da vinda de Rita e Cecilia, nascidas de uma barriga de aluguel (*commercial surrogacy*, em inglês) na Índia. Uma leitura emocionante e muito honesta. Quando elas nasceram, em novembro de 2013, começaram a pulular reportagens sobre o tema e pedidos de entrevista aos dois. Teté pensou que talvez a história das meninas chegasse a elas antes de ela mesma conseguir contar ou de fazer isso parecer natural. Não queria que aquilo virasse um boato ou uma fofoca. "É parte da vida delas, e elas vão saber, mas quem vai contar sou eu", pensou à época. Ao longo da gestação, Teté anotava diariamente os acontecimentos que chegavam do outro lado do mundo. Recebia os exames e as informações sobre o bem-estar de Vanita, a moça indiana que gestava as suas filhas. Também fez um pré-natal a distância, levando o que tinha em mãos a um médico de sua confiança. Vanita era casada e mãe de um menino, Aaron, de 5 anos de idade. Somente indianas casadas, de 21 a 45 anos, e com pelo menos um filho podiam se candidatar a ceder temporariamente o útero. A mãe de aluguel não tem nenhum direito sobre o bebê, o qual recebe a nacionalidade dos pais biológicos. O casal preenche uma série de documentos e precisa prever situações, como: "O que acontece com o bebê se o casal se separar? E se os dois morrerem? E se a criança tiver algum defeito físico ou mental?". Teté planejava estar na Índia antes do parto para acariciar a barriga de oito meses, mas, ao chegar, soube que Vanita tinha dado à luz três dias antes. As meninas a esperavam na clínica da dra. Nayana Patel, em Anand, Gujarat, uma cidade de 200 mil habitantes que se tornou conhecida pelas clínicas de fertilização humana. Existe uma lei nacional na Índia que impede os médicos de revelarem o sexo do bebê antes do nascimento. Teté só soube que eram duas meninas, muito saudáveis por sinal, pouco antes de vê-las.

Teté optou por fazer a estimulação ovariana no Brasil, mas a coleta dos folículos e a fertilização *in vitro* foram realizadas na Índia, a fim de diminuir o estresse e o tempo de viagem. Os dois óvulos que ela tinha – a raspa do tacho, como ela mesma diz – foram fecundados e transferidos para a cavidade uterina de Vanita. Havia um risco alto de não dar certo, mas, felizmente, vingaram. Quando souberam que Vanita estava grávida, os dois estavam de férias na Turquia. Ufa! Uma alegria que se tornou realmente grande quando Vanita completou doze semanas de gestação. Um alívio para os guerreiros Teté e Sérgio, que haviam passado anos em tentativas frustradas (exatamente sete anos) até decidirem pela barriga de aluguel, uma opção ainda pouco comum no Brasil e bem mais difundida pelos obstetras norte-americanos. Em nosso país, a adoção surge em primeiro lugar como a solução mais prática para a infertilidade de um casal com perfil semelhante. Natural, já que aqui a gestação de substituição não pode ter caráter comercial, e a mulher que irá gestar a criança deve ter algum vínculo consanguíneo de até quarto grau com o pai ou a mãe da criança, isto é, somente mãe/filha, irmã/avó, tia/sobrinha e prima podem se disponibilizar. É complicado depender da filantropia de alguém da família, e nem sempre se tem uma mulher disponível e saudável para tanto. Mas já é possível conseguir autorizações para que uma amiga, de modo caridoso, empreste o útero. Os avanços da ciência estão nos desafiando a derrubar certos prejulgamentos ou estereótipos em prol de um amor genuíno. Não só as mulheres têm filhos com idades cada vez mais avançadas como existem cada vez mais casais homoafetivos constituindo família, uma vez que o Estado já reconhece legalmente a união entre pessoas do mesmo sexo. É a sociedade que deve responder às mudanças que vão ocorrendo com o passar das décadas. Pena que elas são bem mais lentas que o progresso técnico-científico.

A escolha pela Índia se deu pela alta tecnologia disponível e, claro, pelo valor do tratamento. Enquanto lá os custos alcançam 25 mil dólares (em caso de gêmeos, sobe para 30 mil), nos Estados Unidos as cifras não saem por menos de 100 mil dólares. Uma diferença brutal. A clínica da dra. Patel foi indicação de uma amiga da Teté, mas o nome dela já era conhecido internacionalmente. Ela é a médica diretora do Akanksha Hospital & Research Institute, a mais famosa da Índia. Lá, a barriga de aluguel foi legalizada em 2002, mas, nos últimos anos, infelizmente, as leis indianas mudaram. Não se permite mais fazer o tratamento em estrangeiros desde 2016. E a medida pode estender-se inclusive aos casais indianos residentes no país. Uma proibição mais drástica poderia levar esse tipo de serviço para o mercado negro, acreditam alguns, o que implicaria em injustiças e complicações emocionais muito piores para as *surrogate mothers.* Segundo a dra. Patel, uma regulamentação mais rigorosa seria uma resposta mais adequada do que o banimento total.

Outros países, como Ucrânia, Tailândia, Rússia, Nepal, Polônia, Geórgia e México, também legalizaram a gestação de substituição com um caráter lucrativo, cobrando valores altos, mas ainda mais baixos que nos Estados Unidos. Cada lugar tem sua legislação e regulamentação próprias. O meu médico, o dr. Paulo Serafini, trabalha com clínicas nos Estados Unidos que oferecem o serviço. Segundo ele, a gestante é controlada a gravidez inteira, e a parte legal é bem robusta, o que tranquiliza os clientes que lançam mão dessa alternativa.

Se pudesse voltar no tempo, Teté teria recorrido à barriga de aluguel anos antes, evitando tanto sofrimento. As diferenças de língua, da cultura e a distância foram os grandes obstáculos, mas conta que se entregou por inteiro àquela imersão indiana. Diz que amou o primeiro mês da maternidade (os primeiros dias vivenciados na clínica), a mordomia do hotel, não ter milhões de visitas... Queria viver aquela história por inteiro. E viveu! Aceitou o leite materno de Vanita, não queria perdê-lo. Os frascos eram entregues três vezes ao dia em seu quarto. E dava-os com muito prazer às meninas, apesar dos conselhos recebidos de especialistas brasileiros para que recusasse aquele leite, que não vinha refrigerado. Mas vinha com muito amor. Rita e Cecilia ficaram ótimas. Claro que a rotina era pesada e tinha de recorrer a um caderno para anotar as mamadas, cocô, xixi, sono... Tudo em dose dupla. Sérgio também estava lá. Era um cuidado a quatro mãos. Dez dias depois de nascerem as meninas, Teté encontrou Vanita, que ainda se recuperava na clínica. "Sorri quando digo que elas tomam todo o leite que chega", escreve Teté em seu livro. Vanita ficou contente ao saber que as bebês estavam bem. O marido, Sandip, traduzia tudo.

Teté está conseguindo contar a história para as meninas, com serenidade, sem assustar. Já sabem que não vieram da barriga dela, que a mamãe precisou de ajuda e que nasceram na Índia – ainda que não saibam muito bem o que é a Índia. "É o que de mais valioso estou passando para elas. Nunca vou sentar as duas no sofá e dizer: 'Vou contar uma coisa para vocês', do zero. Não, não quero dar um susto. Espero que elas tenham orgulho da história delas, e nunca vergonha." Mais para a frente, Teté pretende levá-las para conhecer Vanita, que, depois daquele parto, engravidou novamente e deu à luz o seu segundo filho, Aarav.

***

Foi nos Estados Unidos que os terapeutas holísticos David Arzel e Luc Bouveret realizaram o sonho da paternidade e tornaram-se pais de Tancrède e Elzear. Os filhos vieram com anos de diferença, mas ambos os óvulos vieram da mesma mulher, que, generosamente, aceitou doar pela segunda vez após seis anos. Para proteger os pais, naquele país, exige-se que a barriga de aluguel seja outra mulher, que não a mãe genética. Logo, quem leva a gestação e dá à luz, em hipótese alguma, pode reclamar para si o bebê ao nascimento. Todo o processo é legalizado pela jurisdição americana. Segundo David, as candidatas a ceder o próprio útero passam por uma seleção rigorosa, inclusive do ponto de vista psicológico, antes de se tornarem uma opção. Afinal, trata-se de uma responsabilidade enorme. Os pais, por sua vez, olham as fotos, o histórico, fazem entrevistas e conhecem as mulheres pessoalmente para daí, sim, baterem o martelo em sua decisão. É preciso que haja uma certa afinidade também, uma conexão, o *match*. Celina, que engravidou de Elzear, é casada e mãe de três filhos, o que influenciou consideravelmente a decisão de David e Luc. "Ela já sabia o que era a gravidez e pelo que iria passar. Já estava satisfeita, entre aspas, como mãe, ou seja, emocionalmente ela estaria mais preparada para ajudar os outros. O altruísmo seria mais verdadeiro", relembra David. Os óvulos doados foram fecundados pela técnica de fertilização *in vitro* (FIV). Tancrède recebeu material genético de Luc, enquanto Elzear, o mais novo, de David. O desejo do segundo filho surgiu quando se mudaram para o Brasil. Era um pedido de Tancrède. As crianças conheceram Celina e o marido, com os quais a família tem um ótimo relacionamento e mantém um contato constante, também pessoalmente. Quando Tancrède faleceu, por conta de uma leucemia, ela lhes presenteou com uma homenagem delicada e muito profunda: batizou uma estrela com o nome do menino. David conta que Celina está sempre muito presente na vida deles, colocando-se de maneira bem amorosa.

Durante a gestação de Elzear, a que David acompanhou mais de perto, uma vez que conheceu Luc quando ele já era pai de Tancrède, viajaram muitas vezes até San Diego, onde Celina vive. Estiveram presentes em todas as ultrassonografias: "Foi um presentaço enorme ver o coração do nosso filho, depois descobrir o sexo, acompanhar o crescimento, ver o narizinho, os olhinhos, os dedos, ele se mexer! As imagens em 3D avançaram muito!", lembra David. Deram a Celina um Ipod com as músicas que gostavam, em espanhol e em francês, para que escutasse enquanto estivesse passando roupas. Ela dizia: "Eu sou a *babysitter* do seu filho antes de nascer. Vou cuidar com muito amor e carinho, como se fosse um filho meu". David reconhece como um ato de generosidade enorme, muito além de um contrato assinado por todos. "Consideramos Celina um anjo", declara. A parte jurídica, extremamente importante, foi o que levou o casal a decidir pelos Estados Unidos. Assim como nos casos do banco de sêmen, o serviço de barriga de aluguel já existe há muitos anos no país (há mais de trinta!), é bem consolidado. Para se ter uma ideia, David e Luc conheceram casais em São Francisco que eram avós de filhos nascidos de barriga de aluguel. Por aqui, a lei pode não amparar o casal caso a mulher que cedeu o útero queira ficar com a criança, explica David.

Um dia, Celina ligou: "A bolsa estourou!". Elzear nasceu em oito minutos, de parto natural, sem anestesia, sem dores, com quarenta semanas. Era um bebê de quase cinco quilos, forte e com muita saúde. "Nós ouvimos por telefone o primeiro choro dele, de alegria, de 'cheguei'! Foi muito emocionante escutar aquilo." David e Luc tinham programado para pegar o avião naquela mesma noite, pois Elzear nasceria no dia seguinte. No entanto, ele quis vir um dia antes do previsto. Ambos, Celina e bebê, saudáveis, logo tiveram alta. Celina ficou apenas um dia no hospital, ao lado de Elzear, que recebeu algumas das vacinas necessárias. Antes de voltar ao Brasil, a família passou um mês na Califórnia.

Com mais de 8 anos de idade, Elzear mostra-se com capacidade para entender melhor quem é essa mulher que ajudou David e Luc a tornarem-se pais. "Não faz sentido esconder. Mais cedo ou mais tarde, a criança vai descobrir ou vão perguntar na escola. Quanto mais clareza tiver, com mais naturalidade saberá lidar com isso." Elzear é super bem resolvido com a questão de ter dois pais. Para David, todos temos o feminino e o masculino dentro de nós, em maior ou menor grau, não importando a orientação sexual. A energia masculina denota mais força, proteção, autoridade. Há muitas mulheres extremamente femininas ou heterossexuais que têm essa energia predominando. Por outro lado, são inúmeros os homens fortes e protetores extremamente carinhosos, amorosos, pacientes, cuidadores, o que é uma manifestação da energia feminina. Ele conta que não deixava a babá dar as mamadeiras para Elzear ou trocar as fraldas. Isso só acontecia quando tinha que sair para trabalhar e o Luc também estava ausente. Os dois exerciam diariamente o papel de pai e mãe. "Isso faz a conexão, porque ele entende que aquela pessoa, aquela energia, aquele ser humano está cuidando dele, protegendo-o. Ao chorar, são essas pessoas que vão protegê-lo." A babá apenas apoiava, mas não era a protagonista.

Quando Tancrède nasceu, Luc foi pai-solo durante os primeiros dois anos. Naturalmente seria difícil, mas foi ainda mais porque ele veio prematuro. É uma condição muito angustiante que exige um envolvimento maior do cuidador. "O Luc foi um pai-solo sensacional, que salvou o Tancrède na época do nascimento por essa dedicação, por deixar de dormir inúmeras noites, por deixar de trabalhar por um ano, um verdadeiro sacrifício." Luc Bouveret escreveu *O homem que deu à luz*, obra em que conta a sua história ao lado de Tancrède, David e Elzear, ressaltando como a luta pela cura do menino o transformou espiritualmente. Para David e Luc, o desejo da paternidade era maior que qualquer outro. Queriam filhos para doar o amor que tinham dentro de si, para mostrar-lhes o mundo. É isso o que buscaram e conseguiram. "Não desista por preconceito dos outros, não deixe que os outros limitem a sua sexualidade, a sua escolha de vida, a sua opção por ter filhos, sejam biológicos, sejam adotados, ou por não ter filhos. Lute pelo respeito às suas escolhas", aconselha David.

***

Bia conta que o fato de se casar com uma mulher nunca a fez pensar que não pudesse ser mãe. Sempre teve o desejo de engravidar. Nathalie, não. Bia Rosito e Nathalie Robyn casaram em 2013 e o desejo veio à tona um ano depois. Ficaram seis meses conversando até marcarem uma consulta em uma clínica de reprodução assistida. O médico perguntou a elas qual das duas gostaria de gestar e pediu uma bateria de exames, inclusive a tal histerossalpingografia, para avaliar se as tubas uterinas estavam bem e funcionantes. Ao questioná-las sobre o doador, elas não sabiam ainda como procurar e foram encaminhadas para o banco brasileiro Pro-Seed. Lá, receberam as orientações e um catálogo de duas a três páginas com as opções disponíveis, que eram limitadas. Ademais, para preservar a identidade dos doadores, eram poucas as informações fornecidas. "Só tinha cor dos cabelos, dos olhos, altura, peso, religião, profissão, tipo sanguíneo e mais algumas coisas... Achamos uma roleta-russa", lembra Bia. Apesar da boa qualidade das amostras do ponto de vista médico, não havia detalhes sobre doenças prévias ou perfil genético. Decidiram lançar mão da segunda opção do Pro-Seed, o banco americano de quem são parceiros. Não consideraram a diferença de preço muito grande e começaram por olhar a lista de amostras que se encontravam no Brasil. "Aí era um verdadeiro dossiê, com foto da pessoa pequena, teste de personalidade, relatórios com as características, voz, inclusive eliminamos alguns por causa da voz." Fizeram uma lista com os *top* 3 a partir de alguns critérios: criarem empatia e afinidade com o cara e o doador apresentar características físicas parecidas com a Nathalie (cabelo loiro quando pequeno, por exemplo), um desejo dela, já que não havia feito questão de que os óvulos fossem coletados do seu corpo. Não foi o caso, portanto, de uma gestação compartilhada, comum em casos de casais homoafetivos femininos (Quadro 1).

QUADRO 1 - O QUE DIZ A RESOLUÇÃO DO CFM?

Na Resolução n. 2.168/2017, do Conselho Federal de Medicina (CFM), constam, entre outros itens, as seguintes informações:

- É permitida a gestação compartilhada em união homoafetiva feminina em que não exista infertilidade. Considera-se gestação compartilhada a situação em que o embrião obtido a partir da fecundação do(s) oócito(s) de uma mulher é transferido para o útero de sua parceira.

- As clínicas, centros ou serviços de reprodução assistida podem usar técnicas de reprodução assistida para criar a situação identificada como gestação de substituição, desde que exista um problema médico que impeça ou contraindique a gestação na doadora genética, em união homoafetiva ou pessoa solteira.

- É obrigatória a presença de relatório médico com o perfil psicológico da cedente temporária do útero, atestando adequação clínica e emocional de todos os envolvidos.

- Em relação à gestação de substituição, deve existir o compromisso do registro civil da criança pelo pai, pela mãe ou pelos pais genéticos.

- As técnicas de reprodução assistida não podem ser aplicadas com a intenção de selecionar o sexo (presença ou ausência de cromossomo Y) ou qualquer característica biológica do futuro filho, exceto para evitar doenças no possível descendente.

O procedimento escolhido foi a inseminação artificial, porque as tubas da Bia se encontravam saudáveis. Optaram por um *open donor* (aquele que aceita conhecer a criança após ela completar 18 anos, se esse for o desejo dela), um ponto em que Bia e Nathalie concordaram, apesar de ser uma decisão nada fácil.

Nunca é. "É supernatural a criança ter curiosidade. Eu teria essa curiosidade. Quando o Daniel fizer 18 anos, se ele quiser ir atrás, quero poder falar que existe essa possibilidade, ainda que não haja garantia alguma de que vai acontecer esse encontro ou de que uma relação será construída depois. É um risco", reflete Bia. Em 2014, começou o tratamento para estimular os folículos, com uma dose baixa de hormônios. Mas a sensação era de uma TPM absurda! No dia D, levaram uma garrafa térmica nova até o banco de sêmen, conforme orientação, e seguiram para a clínica com o material. Foi tudo bem rápido. Após o procedimento, Bia ficou apenas dez minutos em repouso. Duas semanas de espera depois, os resultados deram negativo. Tentaram mais uma vez, com apenas um óvulo, e nada. Na terceira e última tentativa, senão partiriam para uma FIV, quatro folículos amadureceram e resolveram usar o sêmen do segundo doador dos *top* 3. A inseminação ocorreu no dia 12 dezembro e, no finalzinho das duas semanas seguintes, um teste de farmácia acusava, logo cedo: *pregnant*. "Acordei a Nathalie dando um berro, mostrei a ela e caíamos no choro."

Bia e Nathalie só contaram para a família no início do tratamento, quando a decisão havia sido tomada. E a reação foi excelente. "Meus pais ficaram superfelizes, eles ainda não tinham netos", conta Bia. Quando começaram as tentativas, apenas uma amiga estava ciente, para evitar qualquer tipo de pressão. Mas todos ao redor sabiam do desejo de terem filhos e as apoiavam. O anúncio aconteceu após as doze primeiras semanas, no aniversário da Bia, dia 28 de fevereiro. Dos quatro óvulos implantados, dois vingaram, gerando o Daniel e o Antônio. Bia sabia da chance de gravidez múltipla por conta da estimulação ovariana, mas a incidência era menor que na FIV. Foi a primeira surpresa de uma sequência.

Durante a gestação, houve sangramento nos primeiros meses por causa de um hematoma subcoriônico. "Eu vi sangue e pensei que tinha perdido. Foi assustador." O médico explicou a ela que estava tudo bem, e a evolução foi tranquila. Passou. Nathalie queria fazer o enxoval fora do país e não queria ir sozinha. Bia, apreensiva, preferiu ficar, enquanto ela e o pai viajavam. Nesse período, em companhia da mãe, o médico apontou um acúmulo de líquido no abdome do segundo gemelar e, após avaliação de uma especialista em medicina fetal, ouviu que podia não ser nada, mas que talvez fosse necessário fazer uma cirurgia no intestino dele. O mundo de Bia caiu. Daí a pressão aumentou e teve que ficar afastada do trabalho. Ao chegar às 31 semanas, numa consulta de rotina, a pressão estava elevadíssima e não baixava. A conduta foi interná-la para receber monitoramento. No quinto dia, identificou-se uma restrição de sangue no cordão do Antônio, o Tom, e Bia já estava recebendo medicação para acelerar o amadurecimento dos pulmões dos bebês. Logo soube que Tom teria que ser operado quando nascesse. Bia sentia que Tom já se preparava, porque o negócio lá dentro estava ficando ruim. O médico falou dos riscos e da necessidade de antecipar a retirada dos dois, ainda que Daniel, em outro saco gestacional, estivesse bem. No centro cirúrgico, Bia lembra de passar a mão na barriga e falar: "Gente, já vamos nos encontrar, fiquem firmes!". O primeiro a sair foi Daniel, seguido de Antônio, com 32 semanas. Os dois choraram ao nascer, e Bia também. "Dei um beijinho em cada um antes de serem levados para a UTI." Um mundo novo se abria para Bia e Nathalie, repleto de bebês prematuros e uma UTI neonatal. Inúmeras dúvidas passavam pela cabeça delas.

A desobstrução da alça intestinal foi simples e a recuperação de Tom caminhava bem. Bia conseguiu amamentá-los no hospital, onde permaneciam para ganhar peso. Após vinte dias, Daniel recebeu alta. Tom, por outro lado, apresentou um quadro de enterocolite necrosante, uma inflamação intestinal que afeta partes do intestino, que necrosam (as células morrem). Infelizmente, a causa dessa doença ainda não foi esclarecida pela ciência. Daí em diante, passou por várias cirurgias para retirar as porções do intestino atingidas. Tom não resistiu. Sua morte inspirou a criação do Instituto Pequenos Grandes Guerreiros pela irmã de Bia, Simone Rosito, com o intuito principal de oferecer assistência psicológica às famílias com bebês acometidos pela enterocolite, além de fomentar a pesquisa na área, por ser uma condição pouco estudada no país. Um dos sonhos do instituto é viabilizar o transplante de intestino no Brasil, que é algo extremamente caro ainda. "O Tom foi uma luz nas nossas vidas, com uma missão especial. Com certeza a vinda dele não foi em vão", declara Bia.

Com mais de 3 anos de idade, Daniel sabe de qual barriga veio e que tem duas mamães. "Ele fala: 'mamãe Bia' e 'mamãe Nai', é como escolheu chamar a gente." Bia e Nathalie fazem questão de contar a história dele e do irmão. "A gente tem mil livros sobre modelos familiares." Um dos que adquiriram, o *Your family: a donor kid's story*, de Wendy Kramer e Jen Moore, explica de maneira lúdica o processo de doação de sêmen e mostra os casos em que ele pode ser utilizado, desde uma produção independente, uma gravidez de um casal de mulheres, até gestações resultantes da combinação de óvulo e sêmen doados. Mas ele ainda é pequeno para entender tanto. Uma filha de um casal de amigos já perguntou a elas por que o Dani não tem pai. "Porque o Dani tem duas mamães, assim como algum outro amiguinho pode ter dois papais", elas responderam. A menina ficou pensativa. "É algo que está sendo natural para ele, mas nunca perguntou: 'Cadê meu pai?'. Esse questionamento ainda não veio", diz.

Bia conta que tiveram dificuldades para registrar as crianças no hospital, mas já imaginavam que isso poderia acontecer. Ligaram para uma advogada de família, que, com um telefonema, resolveu tudo. Outro momento de desconforto também ocorreu no hospital, na época das idas e vindas da UTI Neonatal. Nas horas de visitação, sempre entravam dois visitantes na ala e havia uma fila do lado de fora. As duas estavam lá, ao lado da avó da Bia, de 93 anos. Uma das senhoras voluntárias, que ajudam na organização das visitas, falou: "É só a mamãe e o visitante". Minutos depois, ela voltou a repetir: "É só a mamãe e o visitante". Nathalie respondeu que as duas eram as mamães. A mulher não entendia, daí a avó da Bia interviu: "Escuta, as duas são as minhas netas e mães dos meus bisnetos, que estão aí dentro. Se eu, com 93 anos de idade, consigo entender isso, por que a senhora não consegue?". Faltou a fila bater palma. Nem sempre se trata de preconceitos. Muitas vezes são confusões sociais ou ignorância mesmo, que podem acontecer em uma sociedade ainda pouco acostumada com modelos familiares que fogem ao padrão clássico. Desde o início, o casal optou por uma escola laica e mais neutra, que não comemorasse dia das mães ou dia dos pais, por exemplo. E estão muito felizes com a escolha.

De acordo com a Resolução n. 2.168/2017, do Conselho Federal de Medicina, é permitido o uso das técnicas de reprodução assistida para relacionamentos homoafetivos, respeitando o direito à objeção de consciência por parte do médico. Na prática, se um casal de homens ou mulheres do mesmo sexo bater à porta de uma clínica para se submeter a algum tratamento, o médico poderá recusar e terá respaldo para isso. Segundo a dra. Paula Fettback, existe ainda uma resistência de alguns médicos para realizar o procedimento tanto nesses casos como em mulheres-solo, sobretudo em regiões mais afastadas das grandes capitais. Por isso, muita gente procura São Paulo, Rio de Janeiro ou outras metrópoles para realizar o tratamento. É uma pena ainda existir preconceito ou mesmo ignorância de outros profissionais da saúde.

***

Pai-solo, o jornalista Érico Aires adotou um menino. A adoção é um procedimento legal, regulamentado pelo Estatuto da Criança e do Adolescente, pelo qual alguém assume de modo definitivo e irrevogável uma criança ou adolescente nascido de outra pessoa. A adoção do João, que morava em um abrigo na região central de São Paulo, foi de uma delicadeza enorme. Érico me contou o passo a passo para chegar lá. A primeira vez que foi ao Fórum da Infância e Juventude, foi enfático:

— Posso adotar? Sou *gay* e solteiro, existe algum impedimento?

— Não, não tem impedimento – o técnico respondeu.

— Porque não quero que me enganem.

O técnico lhe orientou: para a Justiça, não importa o estado civil ou a orientação sexual da pessoa que deseja adotar. Mas tem que haver dezesseis anos de diferença entre o adotado e o adotante. Se for um casal, os dois têm que participar do processo. Para cada modelo familiar, existem regras específicas. Érico menciona a própria mãe, que adotou seu irmão Breno depois de se tornar viúva e passou pelos mesmos procedimentos que ele. Vistoria na casa, entrevistas com psicóloga e assistente social, entrega de documentos, comprovação de renda, etc. "Ninguém perguntou a ela se era *gay* ou hétero, como também ninguém perguntou para mim nas entrevistas."

Érico conta que teve uma família interessante. Como eu, ele era muito ligado ao pai, que faleceu quando Érico tinha 16 anos. Tem lembranças felizes da infância e gosta de pensar na forma como foi criado: em um ambiente saudável, rico em estímulos e valores. Isso talvez tenha movido sua aspiração para criar a sua família também. "Não é porque sou *gay* que sou privado do sentimento de querer ter uma família", declara. Ele já tinha um sobradinho com cachorros e gato, e o que faltava naquele cenário era mesmo uma criança. Chegou a um ponto em que se sentiu maduro o suficiente para dar o passo seguinte. Pensou na barriga de aluguel e na barriga solidária, mas os custos da primeira levaram-no a pensar na segunda possibilidade. As pessoas de sua confiança, porém, não podiam engravidar, por *n* motivos. A adoção fazia mais sentido. Claro que tinha as suas inseguranças, porque viver é aceitar as surpresas e incertezas. O momento ideal nunca chega: ora o dinheiro não é "suficiente", ora o emprego não é estável, ora o problema é com o companheiro, que não topa a empreitada. A mãe de Érico foi quem o incentivou a seguir com aquele desejo que brotava. Num Carnaval, em que foi a Salvador para trabalhar, em vez de contemplar as estrelas da festa, ficou mais introspectivo. "Isso me permitiu olhar aquela festa com outros olhos. Vi tanta criança na rua, em situação de risco, sofrendo de verdade. E vou ao Carnaval de Salvador há vinte anos!" Na quinta-feira seguinte, já estava no Fórum, pensando: "Mesmo que meu dinheiro não dê ou que a criança tenha que estudar em colégio público, ele vai ter um lar e não vai ficar na rua". Naquele momento, relativizou todos os seus medos. "Os valores que recebi dos meus pais e que quero replicar são melhores do que isso que tem na rua." Nutriu o desejo, deu entrada no processo com 40 anos, e hoje o dia a dia do Érico é paternar-maternar, como ele diz. "Saio para trabalhar, dou carinho, afeto, bronca, tudo o que uma mãe e um pai fazem." João foi adotado com pouco mais de 2 anos de idade. Érico explica que é obrigatório traçar o perfil almejado da criança preenchendo um questionário enorme, cheio de itens como faixa etária, sexo, raça/cor, histórico da família, doenças tratáveis ou não tratáveis. O objetivo da Justiça talvez seja diminuir ao máximo o ruído de comunicação entre ela e a expectativa dos pais adotivos, que muitas vezes se frustram e devolvem a criança. Não é incomum pessoas fazerem isso – trata-se de um outro abandono, porque não se prevê na lei um eventual "prazo para devolução". Não é um produto. Quando isso acontece, significa que a Justiça errou em entregar aquela criança, que está sob a sua proteção, àqueles pais, acredita Érico. Natural, portanto, que se exija uma série de detalhes. Qual é o desejo? Um bebê branco, do sexo feminino, de olhos azuis? A Justiça vai procurar uma criança assim, mas a probabilidade de encontrá-la é baixa, e a demora pode durar anos a fio. No Brasil, 84% dos pretendentes estão em busca de crianças de até 5 anos de idade, enquanto 81% das crianças e adolescentes nos abrigos têm entre 6 e 17 anos. Érico conta que preencher o questionário foi dificílimo e, ao mesmo tempo, a melhor etapa de todo o processo. Uma fonte de amadurecimento enorme que o permitiu compreender profundamente o próprio desejo. Ter uma criança que não falasse ou fosse de difícil entendimento, por exemplo, não era o que ele queria. A cada tópico, perguntava-se se aquilo estava dentro daquele sentimento de paternar-maternar que ele desenvolvia e imaginava como seria a vida diária. Excluiu apenas as crianças diagnosticadas com autismo. Aceitaria qualquer outra, seja com uma doença tratável ou não, incluindo HIV e problemas de cognição. Optou por menino, queria diminuir ao máximo os fatores que pudessem complicar a rotina do dia a dia nessa primeira experiência. Se fosse ao parque com a filha pequena e ela precisasse ir ao banheiro, não iria poder entrar com ela, exemplifica Érico. Pediu uma criança de 3 a 4 anos, pois nessa idade elas já são mais independentes e entendem melhor. Queria evitar aquele universo desconhecido dos primeiros dois anos. Um dia ligaram para Érico perguntando se ele aceitaria um menino menor com um histórico familiar de dependência química, uma realidade bem comum no centro de São Paulo. Por trás da adoção, não existe uma história feliz. E é isso o que muita gente não entende. Não queria um bebê, mas flexibilizou um pouco. Três dias depois, ligaram novamente: "Vem conhecer o Cleison".

No dia 24 de setembro de 2016, Érico virou pai simbolicamente. No período de adaptação, visitava o Cleison (hoje, é João Cleison) nos finais de tarde no abrigo e dava o jantar para ele, antes das demais crianças chegarem. Como o menino tinha irmãos, a Justiça havia pedido para proceder com certa discrição para evitar sofrimentos. Também foi solicitado que não falasse para o João que seria seu futuro pai. Era o tio Érico. Numa tarde, a psicóloga do Fórum ligou: "Como vão as coisas? Já pode falar que você será o pai dele". No dia 24, contou para o Cleison:

— Cleison, queria conversar com você sobre algo muito sério.

— O quê?

— Eu queria ter um filho. Procurei a [juíza] dra. Mônica para me ajudar e ela me disse que estava procurando um papai para você. Posso ser seu papai?

— Pode.

— Então, a partir de agora serei o seu papai, tudo bem? – João ficou mudo, era mais fechado naquela época.

De repente, alguém abriu a porta para as demais crianças entrarem para jantar – eram quase vinte, de idades diferentes. "Havia um pequeno, da mesma idade do João, que veio e 'pum'! Sentou no meu colo. O João deu uma mãozada nesse menino e gritou: 'Sai do colo do meu papai!'. Fiquei muito emocionado. Ali virei papai de verdade." Érico percebeu que João tinha entendido muito bem toda aquela conversa.

Foi para mim que o repórter de TV contou abertamente que havia adotado. Até então, nos primeiros meses com o João, preferiu se recolher. "Precisei de um tempo para nós, era um sentimento de autopreservação", revela. Érico acredita que a adoção precisa ser desmistificada. "Tive um processo muito célere, muito fácil e nunca achei que estivessem me enrolando ou me enganando." Conta que recebeu esclarecimentos para todas as dúvidas que brotaram ao longo desse período. Algo fundamental, que preparou Érico para a adoção, foi a realização de um curso, que é exigido aos pretendentes. Durante o andamento do processo, também participou de um grupo de apoio, que diz ter sido essencial. "Tudo o que ouvi lá, em algum momento, foi importante." É a tal da gestação psíquica: o pretendente precisa se preparar emocionalmente para receber a criança que virá. Érico conta que teve apoio da família, que não mora perto dele, e dos amigos (a "família expandida", como gosta de chamar), mas ouviu inúmeros comentários negativos, e em certo momento parou de se importar. Outro apoio crucial foi do mestre da igreja que frequenta, de base budista. O mentor lhe orientou: "Você vai receber uma criança que espelhará as suas dificuldades, mas também as que não são suas. Esse é o maior desafio de quem adota. O segredo é aprender a lidar com elas".

Uma das primeiras ações do Érico foi peticionar na Justiça uma vaga em uma escola pública perto da casa deles, porque não havia vaga disponível. Meses depois de voltar da licença-paternidade, não tinha recebido resposta alguma e o ano seguinte começava. Optou por uma escola bilíngue, onde João ficou por um ano. Segundo Érico, a escola implicava com o cabelo dele. "Recebi três avisos para cortá-lo, com justificativas do tipo 'é uma possível ameaça de piolho' ou 'poderia ser confundido com menina'. No terceiro, fui lá e falei: 'Vocês estão pedindo para todo mundo? Perguntei no grupo das mães e ninguém recebeu esse aviso. Por que só meu filho tem que cortar o cabelo? Ainda assim, no último dia de aula, o João me disse que a professora tinha falado para ele cortar o cabelo. Daí tirei da escola." Atualmente, está matriculado em uma que tem mais a sua cara, de base indiana e com participação ativa dos pais, que oferece aulas de meditação, ioga e lanches vegetarianos.

Ser pai e mãe é um aprendizado profundo e contínuo, acredita Érico. É ser firme no caráter e nos valores. É prestar atenção no que o João come, no comportamento dele e transigir naquilo que não é relevante. "Estou aprendendo ainda, mas rezo todo dia para ter força e serenidade para criar um bom cidadão." Para adotar, é preciso coragem: amar incondicionalmente, aceitar os desafios, entender que afeto é uma construção e que a história daquela criança pertence a ela e não deve ser apagada, mas, sim, ressignificada.

***

Ao contrário do Érico, a opção de adotar caiu de repente no colo da psicóloga Mirella Mourão. Uma história igualmente emocionante. Maria Luiza, a Malu, veio definitivamente aos 6 meses de idade, mas o contato com ela já acontecia desde muito antes. Camila, a mãe biológica de Malu, morava em um abrigo, onde conheceu Mirella e com quem criou uma relação mais próxima. À época, Mirella estagiava no local. Ao completar 18 anos, Camila teve que deixá-lo e, logo depois, engravidou. Foi acolhida em um local destinado especialmente a dar amparo maternal a gestantes. Logo arrumou um parceiro e, quando deu à luz, foi com a filha para a casa dele. Segundo Mirella, quem cuidava do bebê era a sogra, que começou a desconfiar de que a menina não fosse sua neta e pediu um exame de DNA. Ao sair um resultado incompatível, Maria Luiza já tinha 4 meses, e a sogra mandou as duas embora. Nesse momento, Camila recorreu a Mirella e pediu que ficasse com Malu aos fins de semana, porque havia arrumado um emprego. Com o passar das semanas, porém, Camila começou a sumir. "Aos domingos, antes de entregá-la, não a encontrava. Eu pensava: 'Meu Deus, o que vou fazer com essa criança?'". Mirella levava Malu para a faculdade quando isso acontecia, pois não tinha com quem deixá-la. E a menina virou a xodó dos professores. Alguns até davam aula com ela no colo.

O dia D foi quando ligaram para Mirella: "A bebê está sozinha aqui e não está muito bem", disse um dos vizinhos de Camila. Mirella dirigiu-se imediatamente até lá e acolheu a menina. "Levei-a a uma amiga, que é médica. Cuidamos dela, demos remédio, estava toda assada", conta. Ligou para Camila com um ultimato: "É o seguinte: não vou mais permitir isso. Estou levando a Malu para o abrigo. Ela vai para a adoção". Mirella lembra que Camila começou a chorar, não queria que a menina fosse adotada, porque não achava uma coisa legal. Ela mesma tinha tido uma experiência ruim. "Você é a única pessoa que tenho na vida. Só confio em você. Você não quer ficar com ela?" De pronto, Mirella respondeu que não era possível, estava terminando a faculdade, ainda que tivesse vontade de adotar mais adiante. E disse: "Vou ficar com ela um mês e vou arrumar um emprego para você. Se você não organizar sua vida, ela vai para um abrigo". Mirella arranjou um trabalho para Camila, mas ela não apareceu. E foi se apegando à menina. Falavam-se ao telefone, e Camila sempre insistindo: "Fica com ela". "Você realmente quer isso?", respondeu certa vez. "Se eu ficar com ela, será para sempre." Havia dedicado aquele mês para refletir nas sessões de terapia. O medo veio, mas foi só um pouquinho. Também havia orado e pedido uma resposta a Deus. Uma tia, então, a chamou para ir a uma igreja evangélica ouvir o pastor falar. E ele contou uma história bíblica que tratava da adoção. Apesar de não seguir aquela religião, aquelas palavras a deixaram mais confiante. Foi o necessário para Mirella assumir a maternidade. Recebeu o suporte da mãe e de muitos amigos. O apoio do pai, com quem vive, não veio em um primeiro momento, mas depois a menina tornou-se a paixão dele.

Após três anos de espera, conseguiu a guarda definitiva, que dependia também da retirada do nome do pai da certidão. Com a guarda definitiva, ela é formalmente a responsável por Malu. "Se a Camila mudasse de ideia, agora teríamos que brigar na Justiça", explica Mirella. O próximo passo será a adoção propriamente dita. Este será um caso de adoção consensual, que é válida quando a mãe biológica e a mãe adotante se conhecem antes da gravidez e têm vínculo comprovado.

Uma das preocupações de Mirella é passar à filha, que já tem mais de 3 anos, o sentimento de empatia. "Se a pessoa tem empatia, será uma pessoa boa", acredita. E juntas, todas as noites, rezam para agradecer a Deus pela vida de Camila. A história de Malu foi contada a ela de maneira lúdica pela mãe, que criou uma narrativa e construiu um livrinho com as fotos dos personagens. É mais ou menos assim: "Era uma vez a princesa Mirella, que morava num reino com as suas amigas [as madrinhas de Malu] e os seus pais, o rei e a rainha [o pai e a mãe de Mirella]. Deus sempre olhava para esse reino e achava que algo faltava. Resolveu enviar sua anjinha Malu. E para ela chegar até o reino, Deus pediu ajuda para uma guerreira, muito forte e corajosa, chamada Camila, que aceitou. Com 4 meses de idade, Malu foi entregue à princesa Mirella pela guerreira Camila. E o reino ficou feliz e completo". Daí, então, quando alguém pergunta:

— Onde você nasceu?

— No coração da mamãe – responde Malu.

— E na barriga de quem?

— Da Camila.

Mirella ressalta que há pais adotivos que não contam a verdade para a criança. "Eles têm que falar, porque são as pessoas em quem a criança mais confia. Se eles escondem, quebrou-se a confiança." Explica que se deve contar de acordo com a capacidade de compreensão da criança, para que seja um processo natural. Como mãe-solo, Mirella fala da importância do preparo emocional e da rede de apoio para encarar uma adoção. "Sinto falta de um companheiro em algumas situações, mas a Malu tem várias madrinhas (amigas, tias e avós) que me ajudam." Com certeza, Malu ganhará uma irmã daqui alguns anos, mas desta vez será pela fila da adoção.

***

Aos 50 anos de idade, Caroline Vieira deu à luz um menino, o Noah. Mas o desejo mesmo surgiu bem antes disso... Com 38 anos, Caroline queria muito engravidar, ainda que não tivesse um parceiro. Foi a uma clínica de reprodução assistida e o médico lhe orientou a adquirir um sêmen de doador. Durante o processo de escolha, desistiu de seguir com o projeto. Muitas dúvidas a rondavam. A ansiedade diminuiu e engavetou a ideia. Uns dois anos depois, conheceu o companheiro atual e não demorou a sondar: "Você quer ter um filho?". A resposta foi negativa, e Caroline desencanou. Sete anos se passaram, os dois continuaram juntos, e um dia surgiu um desejo nele, aos 40 anos de idade, de virar pai. E ela topou. Voltaram à clínica e o médico propôs utilizar óvulos de uma doadora, porque as chances de coletar óvulos maduros e saudáveis naquela situação eram bem pequenas. Caroline já tinha quase 49. Ambos concordaram.

O lado espiritual de Caroline é um grande norteador para as suas decisões. "Pode ser a reprodução assistida mais *top*, se não for para rolar, não vai rolar. A alma tem que vir para você. Esse é o meu entendimento." A escolha da doadora foi simples: uma mulher de 25 anos com traços físicos semelhantes aos dela (é possível olhar uma foto da moça jovem) e características que lhe agradavam, a respeito dos *hobbies*, da personalidade e de sua saúde. Não havia muitas opções, o que facilitou a decisão, e o companheiro deu o aval. Segundo a dra. Paula Fettback, as grandes clínicas têm óvulos congelados para doação, mas o número de doadoras é pequeno. De acordo com o Conselho Federal de Medicina, é permitida a doação voluntária de gametas. Para Caroline, não era um problema usar óvulo de outra mulher, algo ainda meio tabu entre as brasileiras. Por outro lado, observa-se um crescimento cada vez mais acelerado na importação de oócitos. Entre 2011 e 2017, vieram de fora 357 óvulos, mas as solicitações da maior parte (321) ocorreram só no ano de 2017. Todas essas amostras foram destinadas a casais heterossexuais, e a maioria foi importada de um banco espanhol (86%). As razões desse *boom* são claras: reduzido número de bancos de oócitos congelados para doação (os que têm oferecem pouquíssimas opções, como no caso de Caroline) e aumento da procura de tratamentos de reprodução humana por mulheres em idade avançada.

Depois da coleta do sêmen, foram obtidos oito embriões, e cinco vingaram após os primeiros dias, o que é uma maravilha. Isso quer dizer que cinco óvulos foram fecundados com êxito. Deles, apenas um foi transferido para o útero de Caroline, em abril de 2017. Ela conta que tinha certeza de que não iria dar em nada, mas logo começaram os enjoos. Estava grávida. Doze semanas de acompanhamento na clínica, e tudo indo bem. Quando começou a ser acompanhada por uma obstetra de fora, o baque. No primeiro ultrassom, o coração não estava batendo. "Saí de lá detonada. Digo que quando tem que ser, é. Acredito que tivemos que passar por isso." Caroline quer dizer o seguinte: tanto ela como o parceiro não estavam levando aquilo muito a sério, não. O sentimento de culpa veio, claro. O médico da clínica pediu para fazer dois exames no material extraído do feto, e o diagnóstico suspeito a partir do primeiro foi mola hidatiforme. Só que não era. Caroline ficou duas semanas pesquisando o assunto e achou uma especialista, que confirmou sua suspeita. O exame citogenético apontou: síndrome de Turner, geralmente causada por um fator masculino. "Eu tinha que passar por esse medo, por esse envolvimento, para eu amadurecer como mãe. É assim que eu vejo. Foi ali que viramos pai e mãe." Depois daquele episódio, o médico pediu para aguardar dois meses para que o útero descansasse e o beta-hCG reduzisse. Logo fariam uma nova tentativa.

"Foi tenso na hora de implantar o segundo", lembra Caroline, porque pela primeira vez o casal estava "esperando" uma criança. O médico disse a ela que ter dado síndrome de Turner no primeiro não justificava fazer um diagnóstico genético pré-implantacional no segundo. Engravidou em outubro daquele ano. A gestação correu bem, mas no início o enjoo e a preguiça eram intensos. Parou de correr (apenas caminhava) e de fazer ioga, porque temia perder novamente. No sexto mês, a médica que fazia os ultrassons disse que o colo dela havia encurtado. Teriam que observar a evolução disso, porque, se continuasse encurtando, aumentaria o risco de um parto prematuro. Ficou duas semanas afastada do trabalho, mas o colo estabilizou e a gestação não teve intercorrências preocupantes. Noah nasceu de cesárea com 38 semanas e alguns dias. Caroline fez questão de amamentar e chamou uma consultora para ajudá-la. Não importa a idade, a primeira vez nunca é fácil.

Caroline chegou à conclusão de que ter uma idade mais avançada não quer dizer muita coisa. A diferença de idade entre mãe e filho é uma das preocupações de quem olha de fora. Mas Caroline tem o seu modo de pensar sobre isso: "As coisas vão ser como elas têm que ser. Vou conversar com ele para que saiba que talvez ele perca a mãe mais cedo. Mas isso não é uma regra". Caroline faz questão de enfatizar os pontos positivos de uma maternidade tardia: a bagagem de uma mulher madura e decidida (saber o que quer!), a paciência e a ausência de uma ansiedade de fazer outras coisas além da maternidade. "Já fiz mochilão na Europa, já namorei bastante, já fiz tudo o que queria fazer... O Noah me dá trabalho? Sim, como qualquer criança, não é uma brincadeira. Eu fico preocupada quando ele fica doente, por exemplo. Isso não muda." Assim como a privação de sono e a dor nas costas, que acontecem em todas as idades. Outro mito é a tal falta de energia: "Se uma mulher com 35 anos for sedentária, ela com certeza ficará cansada. É algo que tem mais a ver com o perfil da pessoa", acredita. Segundo o

Conselho Federal de Medicina (CFM), a idade máxima para mulheres que pretendem engravidar pelas técnicas de reprodução assistida é de 50 anos de idade, mas já se aceitam exceções, de acordo com critérios fundamentados pelo médico especialista, como ausência de doenças na mulher que coloquem em risco a sua vida e a de seu descendente.

***

Tive a honra de entrevistar todos esses pais e essas mães que, cada um com a sua história, têm a ensinar com brilhantismo que somos nós mesmos que colocamos limites às nossas aspirações. É preciso confiar, ir adiante, porque se o amor não tem restrições, por que o desejo da maternidade teria? Ter duas mães, dois pais, mãe-solo, pai-solo, pais divorciados ou separados, adotivos... As configurações familiares são inúmeras. Não existe, nem deve existir um modelo. O que precisa haver é a presença do amor. Com esse sentimento, qualquer estrutura familiar terá condições para criar os filhos com sabedoria, paciência e serenidade.

Liora, minha luz

Liora é o nome da Victoria em hebraico e significa luz. Porque é assim que eu a vejo na minha vida, como uma esperança que brotou para encher-me de amor. Tenho a sensação de que a Victoria e eu fomos uma da outra em todas as vidas anteriores. Não consigo pensar na Mariana desconectada dela. Sou muito grata a tudo o que aconteceu comigo e a todas as pessoas que conheci. Mas é incrível esse *feeling* que ronda dentro de mim. Metaforicamente, é como se a minha vida estivesse acontecendo na coxia, nos bastidores de um grande teatro. Daí, repentinamente, essa cortina se abrisse e revelasse um espetáculo belíssimo, hipnotizando o meu olhar com seus movimentos singelos, suas cores estonteantes, sua *performance* ingênua, sincera e pueril. E aí a minha jornada fizesse sentido. Aquela obra-prima seria a Victoria. Nem nos meus melhores sonhos imaginei que minha filha, muito além de desfrutar de boa saúde mental e física, se revelasse tão corajosa, forte e compreensiva quanto à posição dela no mundo. Acredito piamente que os bebês escolhem as suas famílias antes de nascer. E ela elegeu vir para esta história só com uma mãe. "Uma borboleta social", dizem os professores, que a elogiam, dizem não reclamar de nenhum coleguinha e falam ser um prazer dar aulas para ela. Que maravilhoso! Não tenho o desejo de que ela seja a melhor aluna, a melhor bailarina, a melhor jogadora. Mas minha intuição diz que a Vicky veio para fazer diferença no mundo. Muito inteligente, concatena A com B, me surpreende a cada segundo. "Você já falou que tenho que ir bem na escola, mãe. Você já falou isso cem vezes." "Mãe, como você é medrosa, eu sei me cuidar." Olho para a Victoria dormindo e, às vezes, tenho vontade de chorar de emoção. Muitos me falam: "Deixa ela voar, você é muito grudada nela". Mas ela só terá 8, 9, 10 anos de idade uma vez na vida! Quero aproveitar! Não canso de dizer que é um prazer ter a companhia dela.

— Vamos viajar, Vicky? Vamos ao cinema? Vamos comer sushi?

— Vamos! Vamos! Vamos! – ela responde prontamente.

Ela vai voar, sim, e bem alto. Sempre pressenti, antes mesmo do parto, que ela seria uma menina do mundo, por isso queria um nome mais cosmopolita. Pensei em Gabriela, em Luíza (em homenagem ao meu pai, Luiz), mas quando o nome Victoria veio à minha mente, aquilo fez realmente sentido. Minha irmã Karen achou lindo. Quando dei à luz, foi ela quem segurou a minha Liora pela primeira vez. E assim foi, Victoria. Um nome que sela o quão vitoriosa tem sido, muito antes de nascer.

***

Escrevi este livro para contar a história da minha filha e inspirar outras mulheres a seguirem seus sonhos como mães.

Só tenho a agradecer

Há exatamente dez anos, entrei no consultório do dr. Paulo Serafini, especialista em reprodução humana, e saí dali com a segurança de que seria o profissional certo. Não procurei uma segunda opção. E ele realizou o meu sonho. Construímos uma relação de muito respeito um com o outro e, ao longo dos anos, principalmente quando surgiu a concepção do projeto deste livro, fomos nos tornando grandes amigos. Um gênio em sua especialidade. Sua esposa, a dra. Luciana Chamié, especialista em radiologia, fez os exames de imagem solicitados pelo dr. Paulo antes do início do tratamento. À época, não sabia que eram companheiros um do outro. Muito menos que planejavam uma gestação juntos. A pequena Nina, com apenas 2 anos de idade, nasceu temporã, como eu fui, e veio ao mundo espontaneamente. É irônico pensar que a dra. Luciana engravidou com 42 anos, sem qualquer emprego das técnicas de reprodução humana assistida.

Uma bênção. Muito carinhosa, converteu-se em minha amiga pessoal, uma confidente. Igualmente, a dra. Paula Fettback, ginecologista e especialista em reprodução humana, que trabalhava à época ao lado do dr. Paulo e foi designada para acompanhar-me ao longo do tratamento. Uma profissional muito especial. Tivemos uma ligação fortíssima. Quando a Victoria nasceu, estreitamos ainda mais os laços de amizade. Sua linda filha Elena viria poucos anos depois. O embriologista dr. José Roberto Alegretti, extremamente experiente, foi quem deu o aval nas fases de escolha do sêmen. Imprescindível para a concretização daquele sonho. Meu obstetra, o dr. Marcelo Zugaib, com sua sabedoria e sensibilidade, soube conduzir as últimas etapas da minha gestação com extrema delicadeza e paciência, desde o pré-natal e as internações necessárias até o dia D, o parto de minha filha. E o que dizer do pediatra dr. Claudio Len, que salvou a Victoria quando ela tinha 9 meses de vida? A partir daquele diagnóstico, considerei-o meu porto seguro para muitas das dúvidas, angústias e aflições que viriam com a maternidade. Um ser humano fantástico. O dr. Claudio e sua esposa tornaram-se meus grandes amigos pessoais. Agradeço profundamente a todos esses profissionais que contribuíram imensuravelmente para a consolidação daquele meu desejo maior, o de ser mãe, e que continuam a colaborar para esse exercício da maternidade. Uma prática diária, árdua e extremamente gratificante. Este livro, que recebeu cuidadosamente a cooperação de todos vocês por meio de entrevistas e revisões técnicas, é o meu muito obrigada.

Mariana Kupfer
sob outros olhares

Karen Kupfer, mãe da Nina e do Luiz

A Mariana chegou na minha vida numa condição muito especial, eu tinha 5 anos de idade. Tínhamos uma diferença relativamente grande uma da outra. Lembro que a nossa mãe trabalhava fora, sempre trabalhou, e eu ficava cuidando da caçulinha. Eu já me achava gente e, desde pequena, tinha um instinto meio maternal, criando uma conexão muito forte com ela, não só como irmã. Em nenhum momento, tive aquela sensação de "ah, vai chegar a irmã caçula, vou perder o meu lugar". Não, pelo contrário. Ela preencheu algo dentro de mim. Era a minha bonequinha. Por isso sinto que sou a figura maternal dela. Essa memória de a Mariana ser o meu bebê e eu cuidar dela está muito viva. Quando éramos adolescentes, a diferença de idade parecia maior, e lembro de continuar cuidando dela. Dormíamos em quartos separados, um de frente para o outro. Quando fiz 21 anos, saí de casa para casar, ela deve ter sentido bastante essa mudança. No entanto, sempre tivemos uma relação muito profunda, viajávamos e nos mantínhamos conectadas uma com a outra, o que resultou na maturidade de nossa relação, que é de muito companheirismo e cumplicidade, ainda que a distância. Nos falamos todos os dias por mensagem, sempre. Nosso núcleo familiar é pequeno, o que fortaleceu mais esse laço. Para mim, a maternidade também era um objetivo e sempre tive a certeza de que teria um casal. Sou muito zelosa, gosto de cuidar de todo mundo. Essa figura materna está enraizada dentro de mim. E a tia Mariana realmente foi maravilhosa, me ajudou quando meus filhos eram pequenos, ficava com eles quando eu viajava, levava as crianças para fazer programa de molecada, levou-os para a Disney. Superespetacular. Meus filhos a amam.

A Mariana foi muito corajosa, porque já é preciso ter coragem para tomar uma decisão de ter filho com pai, que dirá para ter filho sozinha! É preciso uma dupla coragem. Ter filho significa renunciar a uma série de coisas na vida, principalmente ao egoísmo, porque uma mãe faz tudo pelo filho. Depois eles crescem e seguem seu caminho. E a Mariana está desempenhando muito bem esse papel. Quando tomou essa decisão, ela foi muito criticada, mas, desde o primeiro minuto, eu apoiei-a incondicionalmente. Não a questionei em momento algum. Nem fiz ela se questionar. E assim tem sido: estou aqui, incondicionalmente, para o que ela precisar. Acredito que toda mulher que deseja ser mãe tem esse direito. De um jeito ou de outro. Se isso veio para ela, se existe essa vontade profunda, ela não precisa depender de ninguém para fazer isso. Ela pode ser mãe. E a Mariana me surpreendeu grandemente na força dela. Sempre soube que ela é uma pessoa forte, pela história dela, mas, para mim, foi ali que ela se mostrou realmente muito forte, muito mulher, muito guerreira. E eu tenho muita admiração por ela pela decisão que tomou. Senti que ela estava nas melhores mãos logo na primeira consulta com o dr. Paulo Serafini e fiquei impressionada com a clínica e o profissionalismo dele. Ele me passou muita confiança. Como tenho um *feeling* apurado, sou uma pessoa muito intuitiva, fiquei tranquila. A gravidez não foi fácil para a Mariana, eu acompanhei tudo. Lembro de ela passar mal quando viajamos para fazer o enxoval. Enquanto tive duas gravidezes tranquilas, para ela foram meses turbulentos. Nós, mulheres, sabemos o quanto os hormônios afetam a gente. E ela estava mexida em todos os sentidos, emocional e fisicamente. Apesar do sofrimento, das dores, enjoos e vômitos, não a vi reclamar uma só vez. Ela é tão determinada que em nenhum momento desistiu, em nenhum momento fraquejou. Daí a minha tripla admiração por ela. Esteve firme naquilo que queria e foi maravilhosa. Vi a Victoria nascer, fico até emocionada de lembrar. E fui a primeira a pegá-la no colo. A Victoria vir à luz foi uma vitória. O nome dela não poderia ser outro. Eu tenho muito orgulho da Mariana.

Vilma Gonçalves, mãe do Marcelo e do Carlos Eduardo

Foi através da Kaká (Karen Kupfer) que conheci a Mariana. Eu era a babá dos filhos dela, que conheci quando tinham uns 2 anos de idade. Comecei cobrindo as férias e as folgas da primeira cuidadora deles. Fiquei com a Kaká até os meninos crescerem e ficarem grandes. O mais velho, o Luiz, tinha 18 anos, e a Nina, 17. Mas nunca saí da vida deles. De vez em quando vou para fazer a comida que eles gostam, viajo com eles... Nunca me desliguei. Depois que as crianças foram morar fora, mais ou menos na época em que a Mariana engravidou, passei a ficar cuidando dela, na casa onde ela morava.

Durante a gravidez, eu ficava direto com ela, porque ela passava muito mal. Por conta dessa ligação que a gente tem, a gente se gosta muito, eu ficava mesmo em fins de semana. Ela vomitou a gravidez inteirinha. Era o dia inteiro. Ela sofreu muito. Sentava no chão, abraçava o vaso e vomitava, vomitava, vomitava... Quando eu pensava que tinha melhorado, dizia: "Filha, vamos levantar daí e ir para a cama". Ela ia, mas corria de novo. Quando a barriga ficou maior, não dava tempo de correr para o banheiro, e eu levava o balde até ela. "Por que a Mari foi fazer isso?", eu pensava. Com o pouco conhecimento que tenho, eu achava que quem fazia inseminação artificial passava mal daquele jeito. A Mari ficava nervosa, irritada, chorava, dizia pra si mesma: "Eu tenho que me ajudar a ficar bem por causa da minha filha". A Mari é brava e explosiva, mas é uma pessoa com um coração do tamanho do mundo e de muita determinação. Passa uma fortaleza muito grande.

E desejou tanto a Vicky, quis tanto ser mãe que conseguiu! Fez disso a melhor coisa na vida dela. Uma guerreira, e hoje a Vicky está aí, completa. E sofreu muito, muito, para chegar aonde chegou... É uma supermãe. A Mari diz que a Vicky é tudo na vida dela. Mas não! Ela é tudo na vida da Vicky, pois acompanha cada instante, cada choro, cada sorriso, cada gesto, cada aprendizado. Ela participou ao lado da babá de cada segundo da vida da Vicky, o que não é comum em todas as famílias. Trabalhei muito de babá, sei que tem mães ausentes, mães presentes, mães mais ou menos, mas a Mariana... se excede! No cuidado e na companhia. E participa até hoje que eu sei. Embora eu esteja ausente, sei que ela é uma mãe muito presente na vida da Vicky. Quantas vezes eu falava para ela: "Filha, vai viajar! Vai passear, você precisa!". Numa das festas de casamento em que fomos nós três, lembro de dizer para a Mari, enquanto eu dançava com a Vicky: "Filha, aproveita! Levanta e vai dançar. Olha quanto rapaz bonito. Quem sabe?". A Mari não era de se divertir e de passear sozinha. É tudo com a Vicky. Em qualquer programa, a Vicky tem que estar. A última vez que a vi, perguntei: "E aí, namorando? Não vai casar?". Talvez ela ache que casar, namorar, seja dividir o tempo que tem com a filha, de tão boa mãe que é. Acho que ela quer dedicar todo esse tempo para a Vicky. Nas viagens com elas, vivi momentos maravilhosos. Não parecia que eu estava indo trabalhar, parecia que eu estava indo apenas passear. Na Disney, a Mari já programava tudo. Levantávamos às 9h30 da manhã, logo saíamos do apartamento e retornávamos às seis ou sete horas da noite. Íamos nos aquários, no safári, no *show* das baleias. A Vicky amava, se divertia muito com tudo isso. E eu mimava as duas.

Dra. Paula Fettback, mãe da Elena

Eu conheci a Mariana na sala de medicação da Clínica Huntington. Eu lembro até hoje. O dr. Paulo Serafini me pediu para atendê-la, porque naquele dia ele não podia. Eu tinha o perfil para atender as pacientes do dr. Paulo, que gosta de oferecer bastante acolhimento a elas. Daí ele falou: "Ah, você atende para mim?". Ele disse quem era e eu lembrei dela da TV. Ela estava tão bonita. Foi uma das pessoas mais bonitas que vi pessoalmente. Eu tinha acabado de sair da residência no Hospital das Clínicas. Sou do Paraná e lá não se vê celebridade na rua. Ela estava com uma roupa de ginástica, bem bonita mesmo. Estava aplicando hormônios na barriga. Sofrendo. Daí eu me apresentei e, desde então, toda vez que o dr. Paulo atendia a Mariana, ele me chamava para ajudar, e comecei a fazer o controle pela ultrassonografia transvaginal. A Mariana deve ser bem fértil mesmo, porque ela engravidou na primeira tentativa. Quando falo que ela é bem fértil, quero dizer que os óvulos eram de boa qualidade e as tubas funcionavam bem. Claro que a idade ajudou, mas, ainda assim, ela foi uma exceção. Depois, durante os primeiros três meses, continuei no acompanhamento dela, fazendo as ultrassonografias. Lembro de solicitar algumas internações para ofertar medicação e hidratação endovenosas por causa dos enjoos e vômitos incoercíveis. Nesse período, tirei dez dias de férias e lembro de ela me ligar brava porque eu não estava na clínica. Mas a gente tinha os dias certos para tirar férias. Ela ficou chateada depois, porque acabou levando uma bronca de uma colega bem brava que estava lá naquele dia, que a convenceu a entrar em uma ambulância para ir para o hospital. Depois desse período, quem fez o pré-natal dela foi o dr. Marcelo Zugaib, que, inclusive, foi meu professor no Hospital das Clínicas e é o titular da cadeira. Segui acompanhando. No final da gravidez, teve um dia que ela me ligou e pediu para ir até lá, porque estava passando muito mal. Era um domingo feio de chuva. Fiquei conversando com ela para dar uma acalmada. A gente precisa escutar a Mariana primeiro. Na medicina, a pessoa não precisa apenas ouvir, mas falar também. Com ela, eu tinha bastante paciência, eu escutava, procurava acalmá-la, dizia que aquilo acontecia, que muitas mulheres têm (hiperêmese gravídica), não era privilégio dela, e que ia passar, mas tinha que aderir ao tratamento para melhorar. Como ela estava praticamente sozinha, precisava de mais atenção do que uma pessoa com acompanhante. Acho que ajudei bastante nessa fase. Lembro de ela me ligar de madrugada avisando que ia nascer. Eu só não fui por respeito ao meu professor, porque ela queria que eu ficasse lá dentro com ela. Como ela já estava com a irmã, fiquei tranquila. Desde que a Victoria nasceu, ela diz querer outro filho, mas o medo da gravidez é bem forte, porque costuma repetir. A chance de ela passar por tudo aquilo de novo é bem alta.

Guilhermina Guinle, mãe da Minna

Conheço a Mariana desde os meus 7 anos de idade, quando a minha família se mudou para São Paulo e fui estudar na escola americana. Logo que entrei na Graded, acho que caí na sala dela. A Mariana se sobressaía na multidão da escola pela personalidade forte. Opinativa, inteligente, ela era muito ela, independentemente do que os outros pensassem. O jeito de ser, de falar, de se vestir. Essa intimidade da infância é muito interessante, porque ela permanece mesmo. Estudei a vida toda lá, só teve um período em que saí por 3, 4 anos, mas voltei e a gente se formou juntas no ano de 1992. Ficou uma turma muito unida. Todas as nossas amigas dessa fase de vida se falam e se veem até hoje, mesmo cada uma morando em um lugar do mundo e tendo uma personalidade completamente diferente uma da outra. É uma turma que se gosta, que tem carinho, se segue, torce uma pela outra. Isso é uma coisa bacana que ficou daquela época.

A história da Mariana me marcou muito. Lembro da mãe dela, uma mulher completamente moderna, para frente. Enquanto hoje levo minha filha para o teatro e para a televisão, naquela época minha mãe era arquiteta e decoradora e sempre me levava para a obra. Então, sempre fui atenta a ambientes. Tenho esta imagem na minha cabeça; nunca me esqueci de quando cheguei à casa da Mariana e era um triplex todo branco, em Higienópolis. O branco depois virou moda, mas na década de 1970 não era. Era um lugar enorme, e quando você é criança, tudo parece muito maior do que realmente é. Imagine chegar num apartamento de três andares, todo branco, com a mãe dela, que era uma figura marcante, com a pele branca, o cabelo preto. Lembro de entrar no *closet* da mãe da Mariana: eram roupas brancas de um lado e roupas pretas de outro. Lembro dessa imagem, de andar dentro desse *closet* extremamente organizado e ficar encantada! A marca Giovanna Baby era muito forte na nossa época. Aquele cheiro dos perfumes marcou a nossa geração. A Mariana, filha de Giovanna, sempre impecável. Nas festas, ela ia com aqueles sapatos de verniz perfeitos que tinham laços em cima. Uma loucura de lindo.

Sempre lembro da Mariana falando que queria ter um filho. Sempre. Ela falava uma frase em inglês: *"Maybe I have a baby inside"*. Foram uma ou duas ou três vezes, de dois ou três namorados, mas acabou não rolando. Era um desejo bem forte dela. De ter uma relação, encontrar alguém, o príncipe encantado, para dividir isso com ela. O príncipe encantado nunca chegou, porque talvez não exista da maneira que ela sonhou ou projetou para criar uma família.

Soube desde o início do desejo dela de ser mãe independente. Sou o tipo de amiga com quem ela se sente bem, mesmo não convivendo no dia a dia, já que moro no Rio há muitos anos. Eu dou bons conselhos. Sou dura, falo as verdades. É ruim por um lado e bom por outro. Ruim porque é dolorido ouvir coisas que não são tão confortáveis, e por outro é bom ter uma amiga que diz as verdades. Não sou amiga de passar a mão na cabeça. Se ela me perguntar alguma coisa, vou falar o que eu penso, com respeito, carinho e generosidade. Ela perguntou minha opinião e eu disse que achava aquilo um ato muito corajoso. Até disse que eu, Guilhermina, não teria coragem de fazer isso sozinha, porque eu tinha quatro irmãos, tinha casado quatro vezes com vários homens, que tiveram nove filhos. Eu tive nove filhos antes de ter a minha filha, então sei como é difícil criar um filho de fato. Sei como é difícil em todos os sentidos. Mas eu tinha muita admiração pela decisão dela. Lembro até de dizer: "Você não quer esperar um pouquinho pra ver se acha alguém legal para dividir esse momento?". E ela: "Não, estou decidida". Superforte, determinada, decidida, quis seguir o projeto dela adiante. Apoiei da melhor maneira possível. Lembro até de entrar na página do banco de sêmen com ela para olharmos juntas.

Não acompanhei muito de perto a gestação da Mariana. Lembro de vê-la grávida, e que não havia passado muito bem. Acompanhei de longe, achava ela muito guerreira, muito forte, de vivenciar aquilo tudo sozinha. Só que eu não tinha tido a Minna ainda. Sabendo das angústias que a mulher passa quando engravida, talvez eu tivesse tentado ser mais próxima. Eu não tinha a noção do quão delicado é esse momento na vida da mulher.

O parto da Mari foi um momento bem legal que aconteceu na minha vida. Ela me disse que queria muito que eu estivesse presente. Eu disse que ia tentar, porque moro no Rio de Janeiro, mas vou muito a São Paulo. E se eu não estivesse no dia, na hora do parto, eu ia querer muito estar na semana, porque adoro visitar bebê no hospital, sou apaixonada por recém-nascido. Quando ela me ligou, eu estava no meio de um casamento, em São Paulo, de uma amiga nossa em comum. Dançando, arrumada, maquiada. Eu calculei um tempo para sair, porque o médico não estava lá ainda. Quando cheguei, atravessei a catraca junto com o dr. Marcelo Zugaib, que era meu médico também. Aliás, ela que havia indicado o nome dele. Eu falo que ela é minha amiga-produtora. O Einstein tem uma coisa muito legal que é poder acompanhar o parto através de um vidro. Ficamos eu e a Karen assistindo. A gente viu a hora em que tiraram a Vicky da barriga. Foi um momento bem emocionante. Lembro da admiração que tive por ela naquele momento. Pensei: "Meu Deus, ela está sozinha nessa sala de parto, sem mãe, sem pai, sem um marido, que corajosa!". Fiquei muito emocionada por essa força dela. Quando relembro esse momento, fico até com água nos olhos. Foi algo muito feliz estar em São Paulo naquele dia e ter acompanhado o parto.

Houve vários momentos difíceis na vida dela, mas foi seguindo adiante, forte, poderosa, enfrentando os desafios, os traumas, as dificuldades que a vida lhe deu. Sabe o que quer, é decidida, guerreira, atenta, muito carinhosa e generosa com as amigas. Você pode contar com a Mariana, porque ela vai ajudar de alguma maneira. Se eu precisar dela em algum momento difícil, ela estará presente. Hoje sei o que a Mariana sentiu quando se tornou mãe. Que bom que tenho a Minna! Quando a gente não realiza isso, fica na imaginação. Muitas mulheres conseguem lidar bem com isso. Outras, não. Acho que eu seria uma das que teriam ficado infelizes e frustradas sem ter passado pela maternidade. Não sei se eu teria conseguido superar isso. Seria um buraco bem grande. Fico feliz de ter realizado esse desejo, que é hoje o que mais curto na minha vida.

Dr. Claudio Len, pai do Fernando, da Beatriz e da Silvia

Vinte e oito de fevereiro de 2011 foi quando a atendi pela primeira vez e pedi o videodeglutograma para avaliar a deglutição da Victoria. Ela tinha engasgos muito fortes mesmo. É um exame simples, que permitiu identificar um refluxo gastroesofágico com engasgos, os quais elevavam o risco de aspiração, que, felizmente, ela nunca teve. Esse diagnóstico traz um estresse muito grande para os pais. Se não se tomam medidas para diminuir o refluxo, a vida da criança fica muito difícil. À época, prescrevi medicamento e espessantes na alimentação. Aí ela melhorou de maneira significativa e criamos um vínculo muito bom. Não conhecia a Mariana, mas já tinha ouvido falar dela. Minha esposa Vera teve algum contato na infância. Nas consultas seguintes, a Mariana vinha sempre preocupada, ansiosa, como era de se esperar mesmo. Desde então, comecei a falar bastante com ela. Sou um pediatra muito conectado. Sempre me ligou, com questões sobre gripes, garganta, tosse, crescimento, alimentação, aspectos emocionais. Se a filha está ruim, ela vem mesmo. Ela vai ligar, virá no meu consultório ou na minha casa. Já vi a Vicky várias vezes no fim de semana, incansáveis vezes na minha casa. Sempre que a Vicky ficava com febre, eu examinava, medicava e resolvia. Bem simples. O único jeito de aliviar o sofrimento de um pai, de uma mãe, a dor de uma família que tem uma criança doente, é examiná-la e resolver o problema. Não existem pais e mães estressados e ansiosos, e sim pouco esclarecidos. E o sentimento maternal, seja de um homem, seja de uma mulher, é muito forte e independe também de classe social, se a mãe é solo ou se é um casal de homens. O sentimento maternal é idêntico, não muda nada. Como pediatra, tento captar isso e entender o estresse do outro para poder ajudar. Quando uma mãe ou um pai me ligam, eu só vou tranquilizá-los após entender o que se passa. A Mariana tem um fator a mais: ela não tem com quem dividir, é só ela. O desafio maior sempre foi ter que tomar 100% das decisões. No caso dela, acho que eu forçava mais um pouco, porque eu sabia que ela não tinha com quem dividir isso. Então, a gente conversava bastante. Se tem um pai e uma mãe, um acalma o outro, sempre é uma dupla. Um é mais estressado, um é mais calmo, em alguns casos os dois são estressados, mas a maioria tem um equilíbrio. A Mariana, assim como outras mães com esse perfil, não tem quem a acalme. Ademais, primeira experiência como mãe.

Os pais de filho único são muito mais preocupados, porque toda a energia deles é centrada nessa criança. É o tesouro da vida deles. Não tem dois ou três tesouros. Tenho crianças no consultório que têm um testículo apenas, ou um só rim, ou que enxergam de um só olho. Daí falo que é o testículo sagrado, porque é insubstituível. Não tem outro. Dá uma ansiedade horrível. Se uma criança que não tem audição de um ouvido fica com otite naquele que funciona, é um pânico para essa família, porque é o ouvido sagrado. A Vicky é assim, é a filha sagrada. É um cuidado brutal. Então, sei que a Mariana é uma mãe mais preocupada, que a vida dela é a Victoria. Como eu compreendo isso, tenho o perfil para ser o pediatra dela. Se o médico se coloca no lugar dessa mãe, ele entende a responsabilidade gigante que ela está sentindo. É a atividade mais estressante do mundo, porque depende dela. A Vicky é o Santo Graal, e ela chantageia a mãe. Faz parte, mas a Mariana sofre com isso também. Elas são muito próximas. Ela é tão ligada à filha que eu falo: "Mima menos, Mariana". Faz tudo o que a Vicky quer. Isso é uma coisa curiosa: ela assumir tudo sozinha a deixa tão próxima da Vicky que não consegue botá-la na linha.

Atendo outras mães que decidiram pela produção independente. Essas mulheres têm um nível intelectual mais alto, são mais sofisticadas. Sabem que ninguém vai corrigi-las. A criança será moldada e forjada só por elas, por isso morrem de preocupação. O pediatra é muito ativo na vida dessas pessoas. Eu me vejo como um conselheiro, que se baseia em ciência e experiência, como profissional e como pai de três filhos também. Muitas delas têm acompanhamento psicológico, porque a carga é muito grande. Natural. Por outro lado, criança de casal separado, que é muito comum aqui, especialmente quando os pais não se dão, ou quando um mora longe, sofre muito mais, são mais indefinidas. É cheio disso em meu consultório. Filho que vê o pai uma vez por ano ou a cada seis meses. O pai-WhatsApp ou mãe-WhatsApp. Essa situação é muito patente.

Enfim, o pediatra vai participando da formação. A Vicky sempre se desenvolveu bem, uma criança alta, forte, bem saudável. É muito inteligente, meiga, carinhosa. E assim criamos uma amizade. Já fui a festinhas de aniversário da Vicky, já nos encontramos em viagem. A Mariana valoriza muito as pessoas. É uma joia aquela moça.

Dr. Marcelo Zugaib, pai do Nicholas

A Mariana chegou até mim em 1994, com 20 anos de idade, procurando-me como ginecologista. A irmã dela, Karen, e algumas amigas próximas também eram minhas clientes. Desde o início, a Mariana criou um vínculo muito forte comigo. Os problemas emocionais dela se refletiam na parte ginecológica. Ela precisava de um suporte no sentido do acolhimento e da conversa. Ela tinha uma confiança enorme em mim e um respeito muito grande quando eu dizia que não era nada ou que o caminho era outro, como lançar mão de um colaborador de outra especialidade. Ela acatava. Sempre conseguíamos sair das "crises", digamos assim. Ao longo daqueles anos em que a acompanhei, fui observando o amadurecimento da Mariana. Um dia ela quis conversar comigo sobre a produção independente. E, para tomar uma decisão dessas, foi porque ela tinha alcançado um nível de amadurecimento tal que a tornara muito determinada. Confesso que me surpreendeu. Diante da minha percepção, ela não teria estrutura e segurança emocional para assumir isso, para fugir do padrão clássico familiar. Mas a Mariana mostrou-se uma batalhadora. Considero-a uma pioneira. Naquela época, outros padrões familiares não eram ainda muito bem assimilados por uma quantidade importante de pessoas. Foi daí que sugeri a ela o nome do dr. Paulo Serafini.

Tenho uma história com o Paulo desde quando ele iniciou seus estudos nos Estados Unidos. Nós nos conhecemos no Rio Grande do Sul, em um evento, e, logo depois, fui para Los Angeles fazer Fellowship na Universidade da Califórnia, onde fiquei durante três anos, com um ícone da Obstetrícia e um dos fundadores da instituição, o dr. Nicholas Assali, já falecido. Meu único filho chama-se Nicholas em homenagem a ele, pela importância capital que teve na minha vida. Um dia tocou a campainha de casa e era o Paulo. "Oi, tudo bem? Gostaria que você me ajudasse junto ao seu chefe, que é um homem muito renomado..." Ele me mostrou a foto do filho dele, que apresentava um problema importante, e queria que ele crescesse nos Estados Unidos. Para isso, ele precisaria se instalar naquele país. Aí apresentei o Paulo para o meu chefe, que fez alguns contatos. E lá é muito importante ser apresentado, ter uma carta de apresentação, etc. Não sei o quanto esse telefonema e a carta dele pesaram, mas o Paulo conseguiu, em Baltimore, fazer residência médica. E se tornou um homem muito importante na área de reprodução humana nos Estados Unidos. Eu até falava para o Nicholas: "Viu, como valeu a pena você indicar o Paulo? Olha como ele é brilhante!". E sempre carreguei esse sentimento em relação ao Paulo. Como ele transitava muito bem entre Estados Unidos e Brasil nessa área, entendi que era a pessoa mais adequada para que eu referenciasse e orientasse a Mariana.

Daí ela voltou para mim após fazer a inseminação artificial com sêmen de um doador – e a escolha foi feita com muita maestria, porque a filha dela é uma princesa. Fizemos um pré--natal muito saudável sob o ponto de vista médico. Sou muito relutante em medicar grávidas, mas, como eu conhecia a Mariana há quinze anos, eu sabia muito bem das necessidades dela. A ansiedade era o ponto principal. Os aspectos emocionais dela traziam muita repercussão psicossomática. Primeiro deixei claro que estava tudo bem com a Victoria e creio que ela acreditava, porque sempre confiou muito em mim. A hiperêmese gravídica pode realmente se transformar em algo grave. É preciso muita malícia, muito jogo de cintura para lidar com a hiperêmese, mas não acredito que a Mariana tenha chegado a esse nível de gravidade. Ninguém sabe a causa real da hiperêmese. Há hipóteses que falam do papel dos hormônios (beta-hCG e demais relacionados à gravidez) e outras que focam na parte psíquica. Não gosto de rotular, até porque há uma linha tênue nessa questão do diagnóstico. Ela tinha mesmo muitos vômitos, mas, em momento algum, ela chegou a ter alterações metabólicas. As internações eram mais para precaver e impedir que o quadro se agravasse e essas alterações metabólicas ocorressem e também para dar a ela o acolhimento necessário e fornecer hidratação, medicação e nutrientes através da via parenteral. Como experiência e critério clínico, se os vômitos persistem na segunda metade da gravidez, prefiro não pensar na gestação como sendo a razão. A minha visão é que o componente psíquico foi 90% responsável. Também sempre entendi as enxaquecas da Mariana como cefaleias tensionais, porque durante a gestação ela estava tensa e ansiosa. E a ansiedade gera uma série de alterações, inclusive hormonais, no organismo da pessoa. As pessoas ansiosas dificilmente deixam de ser ansiosas, mas elas podem aprender no decorrer da vida a lidar com aquilo. Se a Mariana quisesse engravidar novamente, ela poderia não apresentar esse quadro se já tivesse um domínio sobre a mente ou sobre o medo, que é uma variável extremamente complexa dentro do quadro de ansiedade; afinal, o ansioso lida com medo. E o medo é próprio da grávida, porque ela sente que não pode falhar ali. Algumas lidam melhor, outras lidam pior. Mas não consigo acreditar que uma gestante esteja totalmente tranquila, sem qualquer medo, expectativa ou ansiedade. O parto foi uma cesárea por demanda da Mariana. Aceito fazer a cesárea a pedido, mas não aceito fazer sem ter conseguido a segurança da criança. Para isso, preciso das 39 semanas completas. Quando a internei, porque ela estava no limite, muito cansada, não aceitei fazer a cesárea porque eu precisava de mais alguns dias. Daí, quando fiquei seguro de que o pulmão estava pronto, a gente fez. Eu mesmo aconselharia a cesárea se a Mariana não tivesse me pedido, por conta dos aspectos emocionais dela. Talvez, naquelas circunstâncias, o parto normal fosse um sofrimento tanto para ela quanto para a criança. E não se pode deixar a mulher ultrapassar o limite dela. A gente desenvolveu uma parceria enquanto médico-paciente realmente importante, por isso tenho muito carinho pela Mariana.

Glossário

Aderências: tecido fibroso (cicatricial) decorrente de um processo inflamatório, geralmente associado a infecções, endometriose ou cirurgias, podendo obstruir as tubas uterinas e comprometer os ovários.

Banco de óvulos: instituição pública ou privada que coleta e armazena óvulos, disponibilizando o material para a aquisição por terceiros. No Brasil, a doação de óvulos é voluntária e anônima, sem caráter lucrativo.

Banco de sêmen: instituição pública ou privada que coleta e armazena esperma, disponibilizando o material para a aquisição por terceiros. No Brasil, a doação de sêmen é voluntária e anônima, sem caráter lucrativo.

Barriga de aluguel: termo utilizado em países onde a cessão temporária do útero tem caráter lucrativo. No Brasil, permite-se a gestação de substituição com restrições e sem cunho comercial.

Barriga solidária: ver *Gestação de substituição.*

Biópsia de embriões: ver *Diagnóstico genético pré-implantacional (DGPI).*

Cessão temporária do útero: ver *Gestação de substituição.*

Congelamento de óvulos: ver *Criopreservação de gametas ou embriões.*

Criopreservação de gametas ou embriões: processo de congelamento em nitrogênio líquido, a uma temperatura de −196°C, utilizado para a preservação de óvulos, espermatozoides, tecidos ovarianos e testiculares, bem como embriões, em diferentes estágios de desenvolvimento *in vitro.*

Diagnóstico genético pré-implantacional (DGPI): consiste na avaliação de algumas células extraídas do embrião por meio de biópsia para a identificação de alterações cromossômicas ou gênicas que tenham implicações no crescimento e desenvolvimento.

Doação de óvulos: ver *Ovodoação.*

Embrião: é o produto da concepção. Após a 12ª semana de gestação, o embrião passa a ser chamado de feto.

Endométrio: revestimento do útero, onde ocorre a implantação do embrião.

Esperma: fluido esbranquiçado contendo nutrientes e espermatozoides, secretado por glândulas e vesículas do sistema reprodutor masculino e ejaculado durante a relação sexual.

Espermatozoide: célula reprodutiva madura masculina (gameta masculino).

Fecundação: união de um gameta feminino com um gameta masculino, gerando um embrião.

Fertilização *in vitro* (FIV): técnica de reprodução humana assistida que consiste na aspiração de óvulos da mulher, a qual pode passar, previamente, pela etapa de estimulação ovariana, devendo-se analisar cada caso, seguida pela fecundação dos óvulos por espermatozoides em laboratório. O embrião gerado é posteriormente transferido para o útero da receptora. Durante a coleta dos óvulos, a paciente é sedada e o procedimento deve ocorrer em centro cirúrgico.

Folículos antrais: refere-se aos folículos recrutados pelo organismo da mulher naquele mês para participar do processo de maturação. São os únicos visíveis à ultrassonografia. Contêm uma cavidade preenchida por líquido envolvendo o oócito.

Folículo ovariano: estrutura que abriga o óvulo, contendo um líquido rico em proteínas e hormônios.

Gametas: células reprodutivas maduras masculinas e femininas, chamadas de espermatozoides e óvulos.

Gestação compartilhada: opção utilizada por casais homoafetivos femininos, em que o embrião obtido a partir da fecundação do(s) oócito(s) de uma mulher pela fertilização *in vitro* é transferido para o útero de sua parceira.

Gestação de substituição: no Brasil, cessão temporária do útero por alguém pertencente à família de um dos parceiros em parentesco consanguíneo até o quarto grau (mãe/filha, avó/irmã, tia/sobrinha, prima), sem caráter lucrativo ou comercial.

Gonadotrofina coriônica humana (hCG): hormônio produzido pela placenta durante a gravidez. Usado no processo de indução da ovulação.

Homoafetivo, casal: entidade familiar constituída por duas pessoas do mesmo sexo.

Indução ovariana: estimulação dos folículos e maturação dos oócitos por meio da administração dos hormônios foliculoestimulante (FSH) e gonadotrofina coriônica humana (hCG), aumentando o número de óvulos disponíveis.

Infertilidade: incapacidade de conceber naturalmente durante um ano de relações sexuais não protegidas. Esse tempo é reduzido para seis meses para mulheres com mais de 35 anos de idade. Mulheres que não conseguem manter a gravidez após a concepção também são consideradas inférteis.

Inseminação artificial intrauterina: procedimento utilizado pela medicina reprodutiva que consiste na transferência de sêmen para a cavidade uterina a fim de facilitar a fertilização. A mulher deve encontrar-se em fase de ovulação e, em muitos casos, é previamente submetida à indução ovariana.

Monoparental, família: entidade constituída em torno apenas da mãe ou do pai.

Oócito: ver *Óvulo*.

Ovários: órgãos do sistema reprodutor feminino que sintetizam hormônios e produzem os óvulos.

Ovodoação: processo de coleta de óvulos de uma doadora, que serão fertilizados em laboratório e transferidos a uma receptora.

Ovulação: expulsão de um óvulo maduro pelo folículo ovariano; em geral, esse evento ocorre em torno do 14º dia de um ciclo ovulatório de 28 dias.

Óvulo: célula reprodutiva madura feminina (gameta feminino).

Preservação oncológica: considerando os riscos dos tratamentos (químio e/ou radioterapia) para a fertilidade do indivíduo (produção de gametas), refere-se aos casos de pessoas diagnosticadas com câncer que recorrem ao congelamento de gametas antes do tratamento oncológico para um planejamento reprodutivo posterior.

Preservação social: refere-se aos casos de pessoas que desejam adiar a maternidade e recorrem ao congelamento de gametas para um planejamento reprodutivo posterior.

Reprodução humana assistida: área da medicina destinada a auxiliar a resolução de problemas de reprodução humana. Utilizam-se técnicas de manipulação de gametas masculinos e/ou femininos visando a facilitar o processo de procriação e a preservar a fertilidade social e/ou oncológica de homens e mulheres.

Sêmen: ver *Esperma*.

Tubas uterinas (ou trompas de Falópio): par de estruturas tubulares que conduz o óvulo do ovário à cavidade uterina. A fecundação, em geral, ocorre dentro das tubas uterinas.

Útero: órgão reprodutor da mulher que abriga, protege e alimenta o embrião/feto em desenvolvimento.

Álbum de fotos

Foto: Patricia Paixao (Doble Fotografia)

Foto: Patricia Paixao (Doble Fotografia)

(da esq.) Dra. Paula Fettback, dr. Paulo Serafini e dr. José Roberto Alegretti

Foto: Manuela Scarpa

Foto: Rachel Guedes

Foto: Rachel Guedes

Foto: Tiago Farina

Foto: Manuela Scarpa

Why I love My Mom?

My mom inspires me because she always takes care of me and she is very kind to me too. My mom gave me the gift of love because when I need love and there is no body to give me love she always holds me and gives me hugs! My mom believes in me! when I am trying to tell the truth to my friends and they don't believe me, I go tell my mom and she believes in me. My mom teaches me a lot of things but the one thing that I like the most about her is that she teaches me how to be kind and nice.